Rolf Peter Sloet

Drogenhochburg Oberpfalz

Erinnerungen eines Regensburger Drogenfahnders

Rolf Peter Sloet

DROGEN- HOCHBURG OBERPFALZ

Erinnerungen eines Regensburger Drogenfahnders

Bibliografische Information der Deutschen Nationalbibliothek

Die Deutsche Nationalbibliothek verzeichnet diese Publikation in der Deutschen Nationalbibliografie; detaillierte bibliografische Daten sind im Internet über http://dnb.dnb.de abrufbar.
ISBN 978-3-86646-367-7

Cover:
Pistole: Roy-Miller, 123RF
Hintergrund: Rafał-Rynkiewicz, 123RF

Innenteil:
Alle Fotos: Hans Reisky

1. Auflage 2018
ISBN 978-3-86646-367-7
Alle Rechte vorbehalten!
© 2018 MZ-Buchverlag in der
Battenberg Gietl Verlag GmbH, Regenstauf
www.battenberg-gietl.de

Den Erinnerungen liegen tatsächliche Kriminalfälle zugrunde. Ich habe sie nach langen, intensiven Gesprächen mit dem ehemaligen Kriminalhauptmeister und Drogenfahnder Hans Reisky niedergeschrieben. Das Buch wurde in der vorliegenden Fassung von Herrn Reisky autorisiert.

Um die Opfer, ihre Familienangehörigen und andere Personen zu schützen, werden in der Regel nicht die realen Namen verwendet.

Die tatsächlichen Orte, an denen Verbrechen stattgefunden haben sowie Ereignisse, die mit diesen Verbrechen in Zusammenhang stehen, werden nur dann genannt, wenn keine Rückschlüsse auf Täter und andere Personen möglich sind.

Manche Ereignisse und Vorgänge unterliegen auch heute noch der Geheimhaltungspflicht. In diesen Fällen habe ich Details, die Namen von Personen und Orten verändert. Das gilt insbesondere, wenn die Identitäten von ehemaligen oder aktiven verdeckten Ermittlern und V-Leuten zu schützen sind.

Bei Veränderungen gilt: Mögliche Ähnlichkeiten mit lebenden Personen und realen Orten sind rein zufällig.

Vorwort des Autors

Nach der Rückkehr aus dem Urlaub fand ich auf der Sprachbox einen Anruf vor. Ein Herr Reisky („Wie der ehemalige österreichische Bundeskanzler, aber ohne K.") bat um einen Rückruf. Er habe bis zu seiner Pensionierung als verdeckter Drogenfahnder bei der Kriminalpolizei in Regensburg gearbeitet und könne über viele interessante und spannende Fälle berichten. Vor Kurzem habe er in der Zeitung von mir gelesen (ein Artikel über mein Buch „Im Schatten des Doms") und er wolle mich fragen, ob ich seine *Erinnerungen* schreiben könne.

Das klang interessant. Ich rief ihn an und wir beschlossen, uns zu treffen. Das Nebenzimmer in einem typischen bayerischen Gasthaus hier in meinem Wohnort bot sich für das Treffen an.

Hans Reisky, wir gingen schnell zum Du über, erzählte mir an dem Tag einige Geschichten aus seiner beruflichen Laufbahn bei der uniformierten Schutzpolizei und bei der Kriminalpolizei.

Seine Sprache war emotional, von Gesten unterstützt und ich hatte deutlich den Eindruck, er musste einfach loswerden, was er so erlebt hatte. Die vielen Informationen, die ich bei diesem ersten Treffen erhielt, überforderten mich und ich fragte ihn nach Aufzeichnungen über seine Arbeit. Die besaß er und er legte mir seine schriftlichen Unterlagen vor. Im Gegensatz zu seinem Erzählstil waren die Aufzeichnungen kurz gefasst und von der Sprache her erinnerten sie an die Protokolle, die Polizisten dienstlich erstellen.

„Kannst du das so formulieren, wie du deine Kriminalgeschichten geschrieben hast?", wollte er wissen.

„Ich hoffe!", war meine Antwort. Ich ahnte damals nicht, wie schwierig es sein würde, diese Notizen mit Leben zu erfüllen, herauszufinden, was Hans Reisky oder andere Leute vor langer Zeit gedacht, getan oder gefühlt haben.

Es bedurfte vieler Recherchen, um seine Geschichten authentisch werden zu lassen.

Dazu möchte ich ein Bespiel nennen.

Hans Reisky erzählte: „Ich bin öfter in dieser Diskothek gewesen ..."
Er sollte sich erinnern: Wie war damals die Stimmung in dieser Disko? War es voll oder war weniger los? Welche Musik wurde Anfang der Siebziger dort gespielt, welche Getränke waren ‚in' ...?"
Jede Kleinigkeit wollte ich wissen und oft war Hans Reisky selbst verwundert darüber, was er noch alles zu rekapitulieren vermochte.

Sehr wichtig waren ausführliche Gespräche über das, was er erzählen wollte und was er erzählen durfte. Die Namen von Tätern und Opfern, von Kolleginnen und Kollegen unterliegen dem Persönlichkeitsrecht und dürfen nicht veröffentlicht werden. Auch die tatsächlichen Tatorte zu nennen, ist nur erlaubt, wenn keine Rückschlüsse auf lebende oder verstorbene Personen gezogen werden können.

Bei Recherchen lässt sich allgemein sagen, was im Internet auf Seiten der Presse, der Polizei und anderer Institutionen zu finden ist, darf auch verwendet werden.

Bestimmte Ermittlungstaktiken der Polizei und genaue Informationen über die Arbeit von verdeckten Ermittlern der Kripo, des LKA und BKA unterliegen auch heute noch Geheimhaltungsvorschriften.

Es waren viele Sitzungen notwendig, um dieses Buch zu schreiben. Jedes neue Kapitel ging an Hans Reisky, der es durchlas und inhaltlich überprüfte. Anschließend überarbeitete ich das Geschriebene. Über jedes Treffen erstellte ich handschriftliche Notizen, die im Durchschnitt jeweils rund fünf bis sieben Textseiten ergaben.

Natürlich haben sich in den letzten fünfundzwanzig Jahren die Organisationsstruktur der Bayerischen Polizei, ihre Ausrüstungen, Dienstfahrzeuge und Aufgaben geändert. Das Verhältnis der Bevölkerung zur Polizei, die Art der Straftaten und die Straftäter sind nicht mehr mit denen vor dreißig Jahren zu vergleichen. Das ergibt sich schon aus den Auswirkungen des Schengener Abkommens und den Migrationswellen in die Europäische Union, dem Wegfall der Bayerischen Grenzpolizei (die wieder aufgestellt werden soll) und den Änderungen der Aufgaben der Bundespolizei, um nur einige wenige Beispiele zu nennen.

Vorwort des Hans Reisky

Nach meiner Pensionierung erhielt ich ein Angebot, als Berater für eine Produktionsfirma tätig zu werden, die eine Filmserie über Polizeieinsätze für einen deutschen Privatsender drehen wollte. Ich fuhr mehrfach nach München Geiselgasteig und fand Gefallen an der Arbeit als Berater bei der Vorproduktion und den ersten Dreharbeiten. Dann wurden diese eingestellt, weil sich der Sender kurzfristig für eine andere Serie entschied.

Im Urlaub des gleichen Jahres lernten meine Frau und ich ein Paar aus Norddeutschland kennen. Die Bekannten arbeitete bei einem deutschen Privatsender. Als ich ihr von dem abrupten Ende meiner Beratertätigkeit erzählte, meinte sie, das käme öfter vor.

„Schreib doch ein Buch über deine Erinnerungen als Polizist", gab sie mir als Ratschlag mit auf den Rückweg nach Deutschland.

Die Idee ging mir nicht aus dem Kopf. Leider ist das Schreiben nicht meine Leidenschaft. Wenn ich im Dienst etwas schreiben musste, waren es Protokolle und Berichte. Und selbst diese Routinearbeit mochte ich nicht. Ich und ein Buch schreiben – das würde nichts werden, darüber war ich mir im Klaren.

An einem Morgen las ich einen Zeitungsartikel über Rolf Peter Sloet, einen ehemaligen Lehrer aus Wörth, der ein Buch mit Kriminalgeschichten geschrieben hatte. Er wohnte gar nicht weit von mir entfernt und ich beschloss, ihn zu kontaktieren. Es war nicht schwierig, seine Telefonnummer herauszufinden, und ich rief ihn an. R. Sloet befand sich zu der Zeit auf einer Urlaubsreise und so meldete er sich eine Woche später bei mir.

Geduldig hörte er sich meine Geschichte an und wir beschlossen, uns zu treffen und unverbindlich über mein Projekt zu reden.

Schon bei der ersten Sitzung merkten wir, dass die Chemie zwischen uns stimmte, und wir kamen überein, das Projekt „Erinnerungen eines Regensburger Drogenfahnders" anzugehen.

Es folgten viele Treffen, in der Regel einmal in der Woche, bis wir das vorliegende Buch im wahrsten Sinne des Wortes „erarbeitet" hatten.

Als Sachbearbeiter bei der Kriminalpolizei bearbeitete ich viele Fälle in einem Jahr, teilweise alleine, oft auch zusammen mit anderen Kollegen. R. Sloet und ich haben eine Anzahl von ausgewählten Fällen aus dem Zeitraum von 1974 bis 1993 zusammengestellt.

Auch wenn es auf den ersten Blick so ausschauen mag: Drogenfahnder haben nichts mit James Bond 007 zu tun. Ihre Arbeit ist ganz anders, und das möchte ich anhand der ausgewählten Fälle in diesem Buch aufzeigen.

Sicherlich mögen sich bei der Wiedergabe meiner Erinnerungen Fehler eingeschlichen haben. Das erscheint verständlich, denn die meisten der geschilderten Fälle fanden vor fünfundzwanzig bis vierzig Jahren statt. Auch mag es vorkommen, dass Beteiligte die erzählten Geschehnisse teilweise anders in Erinnerung haben.

Für eventuelle Fehler möchte ich mich entschuldigen.

Mein Dank gilt Rolf Peter Sloet, der die Arbeit an diesem Buch immer mit Elan vorangetrieben hat. Auch ein herzliches „Vergelt's Gott" an die Familie Geier vom Gasthof Geier in Wörth, die uns immer ein ruhiges Nebenzimmer für unsere Arbeit bereitgestellt hat. Nicht vergessen möchte ich die Verlagsleitung und das Team von den Gietl-Verlagen. Ein herzliches Dankeschön nach Regenstauf.

H. Reisky, im März 2018

Vita des Hans Reisky

Geboren	1954 in Schwandorf
Schulabschluss	1971 mittlere Reife in Schwandorf
Polizeiausbildung	1. Dezember 1971 Bereitschaftspolizei Nürnberg 1. November 1972 Bereitschaftspolizei München 1. November 1973 Polizeischule Rothenburg ob der Tauber
Polizeidienst	1. August 1974 Uniformierte Stadtpolizei Nürnberg 1. August 1977 Versetzung nach Regensburg, Verkehrspolizei 1. August 1978 Regensburg PI 2, Streifendienst
Kriminalpolizei	1983 Versetzung zur Kriminalpolizei, Praktikum in allen Kommissariaten (außer Staatsschutz) 1984 Kriminalfachlehrgang mit Prüfung Endgültige Versetzung zur Kriminalpolizei ins K14 (Rauschgift) Beförderung zum Kriminalobermeister Arbeit als verdeckter Drogenfahnder 1. September 1991 Beförderung zum Kriminalhauptmeister September 1992 erfolgreiche Prüfung für den Aufstieg in den gehobenen Dienst 10. Februar 1993 schwerer Dienstunfall; mehrere Krankenhausaufenthalte und Reha-Maßnahmen 1995 als Kriminalhauptmeister wegen Dienstunfähigkeit in den vorzeitigen Ruhestand verabschiedet
Privat	1977 Heirat mit seiner ersten Frau; Scheidung 1982, Februar 1986 zweite Heirat Hans Reisky wohnt heute mit seiner zweiten Frau im Landkreis Straubing

Kindheit

Oft stellte man mir die gleichen Fragen: „Warum bist du zur Polizei gegangen?" oder „Wolltest du schon immer Polizist werden?"
Den konkreten Entschluss, Polizist zu werden, fasste ich in der 10. Klasse der Realschule. Wie die meisten jungen Menschen musste ich mir Gedanken darüber machen, welchen Beruf ich nach der Schule erlernen wollte.
Wenn ich jedoch an meine Kindheit zurückdenke, entwickelte sich der Berufswunsch lange vorher, ohne dass es mir bewusst wurde. Vielmehr war meine Berufswahl das Ergebnis eines Prozesses, den ich erst viel später verstanden habe. Schon als Kind besaß ich ein ausgeprägtes Verlangen nach Sicherheit und Gerechtigkeit. Ich strebte nach Selbstständigkeit, war ehrgeizig, wenn es um sportliche Leistungen ging, und mochte es, gefordert zu werden. Ein zweiter Sieger zu sein, war für mich eine Niederlage.
Geprägt von den Erfahrungen meiner Kindheit und meinen charakterlichen Veranlagungen war es eine logische Konsequenz, mich für den Beruf des Polizisten zu entscheiden.

Geboren wurde ich 1954 in Schwandorf als das zweite von fünf Kindern. Mein Vater war Finanzbeamter im mittleren Dienst und meine Mutter eine gelernte Köchin, die aber in einer Fabrik oder als Putzfrau arbeitete, um zum Familieneinkommen beizutragen.
Mit dreien meiner Geschwister verstand ich mich gut, nur nicht mit meiner jüngsten Schwester. Der Grund lag im familiären Bereich und ich möchte nicht näher darauf eingehen.
Unser Vater war ein jähzorniger Mann, der uns Kinder, besonders mich, bei geringsten Vergehen und bei nichtigen Anlässen oft windelweich schlug.
Auch ist mir in Erinnerung geblieben, wie er mich schikanierte. Einmal trug mir mein Vater auf, ich solle einen Holzstoß aufschichten, was

für einen kleinen Jungen eine große Anstrengung bedeutete. Doch meinem Vater gefiel die Arbeit nicht.

„Das ist nicht ordentlich genug!", schimpfte er und stieß den Holzstapel mehrfach um, bis ich ihn, nach seiner Meinung, *ordentlich* aufgestapelt hatte.

Unsere Mutter war genau das Gegenteil vom Vater. Sie liebte ihre Kinder und wir hörten nie böse Worte von ihr. Ganz im Gegenteil, wenn wir vom Vater geschlagen wurden, ging sie immer dazwischen und kassierte dafür regelmäßig selbst Prügel.

Anfangs wohnten wir zur Miete. Mit dem Hausbesitzer, einem Polizeibeamten, bekamen wir Probleme und so setzte sich meine Mutter in den Kopf, ein eigenes Haus zu besitzen. Meine Eltern kauften ein Grundstück in Schwandorf und versuchten, so viel Arbeit wie möglich selbst zu erledigen. Ich war damals zehn Jahre alt und musste beim Hausbau mithelfen. Selbst schwere körperliche Arbeiten, wie die Baugrube ausheben, Mörtel machen, Betonieren und Dachdecken, wurden von mir verlangt. Einmal bediente ich beim Dachdecken den Aufzug. Oben rutschte meinem Vater eine Eternitplatte aus der Hand und die schlug zehn Zentimeter neben mir auf dem Boden auf. Hätte sie mich getroffen, wäre ich tot gewesen. Er entschuldigte sich noch nicht einmal für seine Ungeschicklichkeit.

„Du musst besser aufpassen!", war sein Kommentar. Das war typisch für ihn.

Damals entwickelte sich in mir eine Antipathie gegen handwerkliche Arbeiten. Diese verstärkte sich, als ich im Alter von vierzehn Jahren in den Ferien auf dem Bau arbeitete, damit ich mir ein Fahrrad kaufen konnte. In der Familie war das Geld knapp und mein Wunsch nach einem Fahrrad wurde mit „Verdien es dir selbst!" beschieden.

Als Erwachsener wollte ich nie selbst ein Haus bauen und noch immer mag ich keine handwerklichen Arbeiten.

Eingeschult wurde ich bereits mit fünf Jahren. In der Klasse und beim Spielen war ich immer der Kleinste von allen. Meine geringe Körpergröße versuchte ich durch Einsatz, Mut und sportliche Leistungen auszugleichen. Oft prügelte ich mich mit anderen Jungen, um mich zu behaupten. Damals galt unter uns Kindern das Recht des Stärkeren. Wer gewann, wurde anerkannt, wer aufgab oder auf dem Boden lag, hatte verloren. Aber niemand kam jemals auf den Gedanken, einen Liegenden zu stiefeln. Heute ist das oft anders. Wenn jemand liegt, gehört es zum guten Ton, noch ein paar Mal kräftig auf oder gegen ihn zu treten.

Während eines Fußballspiels mit meinen Freunden nahm uns ein älterer Junge den Ball weg und ich, der Kleinste von allen, legte mich mit ihm an.

„Gib uns den Ball zurück!", sagte ich und versuchte, ihm den Ball aus der Hand zu reißen. Doch der Junge war stärker und größer als ich und hielt ihn weiter fest.

Anfangs lachte der große Junge über meine Bemühungen, aber als ich nicht aufgab, wurde er wütend. Ich bekam einen Schlag und ging zu Boden. Die anderen halfen mir nicht und schauten nur zu. Das fand ich ungerecht und wurde sehr wütend darüber. Ich schwor mir, mich nie wieder verprügeln zu lassen.

Später schlug ich bei einer Auseinandersetzung einem größeren Jungen einen Zahn aus. Dessen Mutter kam zu uns nach Hause, um sich bei meinem Vater zu beschweren. Währenddessen versteckte ich mich unter meinem Bett, weil ich befürchtete, mal wieder verprügelt zu werden. Wider Erwarten bekam ich keine Schläge. Mein Vater war der Meinung, ich solle mir nichts gefallen lassen und dürfe mich wehren.

Meine Spielkameraden hatten jetzt Respekt vor mir, weil ich mich gegen einen älteren Jungen hatte durchsetzen können. Von da an ließen mich auch die Größeren in Ruhe, weil sie mitbekommen hatten, dass ich trotz meiner geringen Körpergröße gewandt und mutig war.

Einmal versetzte ich die anderen Jungen ins Staunen, als ich mit dem Bauch voraus vom Schuppen sprang, ohne mir bei der Landung wehzutun. Natürlich traute sich niemand, das nachzumachen.

Ich liebte es, im Wald umherzustreifen, beobachtete Tiere und war auf Abenteuer aus. An einem Nachmittag stand ich vor einem hohen Baum und schaute hinauf zu dessen Wipfel. Sicherlich hatte man von dort oben einen guten Ausblick. Bereits in Griffhöhe ragten Reste von abgebrochenen Ästen aus dem Stamm und ich überlegte mir, ob ich an denen hinaufklettern konnte. Von den dickeren Ästen aus würde es kein Problem sein, die Spitze des Baums zu erreichen. Ich kam ziemlich weit hoch, bis unter mir ein morscher Ast abbrach. Meine Hände rutschten von dem dünnen, biegsamen Ast ab, an dem ich mich festhielt, und schon ging es im freien Fall abwärts. Ich hatte an dem Tag mehr Glück als Verstand. Äste federten meinen Fall ab und ich landete auf Moospolstern, direkt neben einer dicken Wurzel des Baums, die gut zehn Zentimeter hoch aus dem Boden ragte. So kam ich mit ein paar Kratzern und blauen Flecken davon. Ich rappelte mich auf und lief heim. Natürlich habe ich weder meinen Eltern noch den Kameraden von dem Missgeschick erzählt. Schließlich wollte ich mich nicht auslachen lassen.

Vor einiger Zeit habe ich mir den Baum noch einmal angeschaut und mir wurde klar, wie leicht ich mir damals den Hals hätte brechen können.

Meine Schullaufbahn verlief problemlos. Nach sechs Jahren auf der Volksschule wechselte ich auf die Realschule, die ich mit der mittleren Reife abschloss. Rückblickend kann ich behaupten, ich war ein ordentlicher, unauffälliger Schüler, der seine Aufgaben erledigte und mit den meisten Lehrern gut auskam. Ich war kein Streber, aber das Lernen fiel mir leicht, sodass ich im Allgemeinen gute Noten erreichte. Meine Lieblingsfächer waren Erdkunde, Geschichte, Deutsch und natürlich Sport, während ich für Mathematik, Physik und Chemie nicht viel übrig hatte.

Die Sache mit der anstehenden Berufswahl löste mein Vater auf seine typisch autoritäre Art. Er verschaffte mir, ohne mich überhaupt zu fragen, eine Lehrstelle in einem Steuerbüro. Ich absolvierte dort ein Praktikum und es bestätigte sich, was ich schon vorher geahnt hatte: Der Beruf war nichts für mich! Wenn ich mir vorstelle, ich hätte mein ganzes Arbeitsleben mit der Kontrolle von Zahlen verbracht, stellen sich mir noch heute die Härchen auf den Armen auf.

Ein damaliger Schulfreund erzählte mir, er habe sich bei der Polizei beworben und sei auch angenommen worden. Man verdiene schon in der Ausbildung fünfhundert DM und habe als Beamter einen sicheren Job und später eine gute Pension. Fünfhundert DM waren rund das Fünffache eines Lehrlingsgehalts. Das war ein starkes Argument. Ich informierte mich über die Aufnahmeprüfungen und bewarb mich für die Laufbahn im mittleren Polizeivollzugsdienst. Meine guten Zeugnisse und die sportlichen Leistungen trugen sicher ihren Teil dazu bei, dass man mich zur Aufnahmeprüfung nach Eichstätt einlud.

Schon während der Schulzeit hatte ich mit Judo begonnen und bereits einige Titel bei Wettkämpfen gewonnen. Die Prüfung im Fach Deutsch und den sportlichen Teil der Aufnahmeprüfung bestand ich mit als Bester. Fünfzehn Klimmzüge waren kein Problem für mich und beim 1000-Meter-Lauf war ich der Schnellste.

Erstaunlicherweise erfolgten keine negativen Reaktionen meines Vaters, als ich die Ausbildungsstelle beim Steuerberater ausschlug und bei der Polizei angenommen wurde. Ganz im Gegenteil, er schien stolz darauf zu sein, dass ich Polizist wurde. Natürlich spielten auch folgende Gedanken eine Rolle: Ich war aus dem Haus, ein Esser weniger saß am Tisch und über meinen finanziellen Unterhalt musste er sich keine Gedanken mehr machen. Außerdem fürchtete er um seine Autorität in der Familie, da ich nicht mehr bereit war, seine herrische Art und seine

Prügel zu akzeptieren. Und er wusste, dass ich ihm mittlerweile körperlich überlegen war.

So half meine Berufswahl uns beiden. Ich befreite mich von der Enge meines Elternhauses und stand auf eigenen Beinen, während mein Vater weiter seine Stellung als Familientyrann innehatte.

Nur meine Mutter machte sich große Sorgen um mich und gab mir eine Menge Ratschläge mit auf den Weg, als sie mich zum Bahnhof begleitete.

„Pass auf, mein Junge. Bleib brav!", waren ihre letzten Worte zum Abschied.

Schließlich weinte sie, als ich mich von ihr verabschiedete und in den Zug nach Nürnberg stieg.

Vom Hauptbahnhof Nürnberg aus nahm ich die Straßenbahn und den letzten Rest des Weges musste ich laufen. Ich kann mich noch gut an den kalten, regnerischen, letzten Tag im November erinnern, als ich mit meinem kleinen, einfachen Koffer die Ansammlung von Baracken erreichte, in denen wir untergebracht wurden. In diesem Moment wäre ich am liebsten sofort wieder umgekehrt und bekam plötzlich Sehnsucht nach meiner Mutter. Ich blieb stehen, atmete ein paar Mal tief durch und vergewisserte mich, dass mich keiner beobachtete. Niemand war zu sehen.

„Da musst du durch!", dachte ich mir und marschierte entschlossen auf das Tor zu. Dort zeigte ich das Einberufungsschreiben zur Ausbildung vor und mir wurde gesagt, in welcher der Baracken mein Zimmer lag.

Ausbildung bei der Polizei

Am 1. Dezember 1971 begann meine Ausbildung bei einer Hundertschaft der Bereitschaftspolizei in Nürnberg.
Der erste Eindruck war wenig verheißungsvoll. Keiner der jungen Polizeianwärter hatte sich vorstellen können, in Baracken untergebracht zu werden. Wir hausten zu dritt in engen, abgewohnten Räumen. Mit meinen beiden Zimmerkameraden freundete ich mich schnell an und wir kamen gut miteinander aus. Die beiden waren nun meine neue „Familie" und schon nach wenigen Tagen verspürte ich kein Heimweh mehr nach Schwandorf. Zumindest hätte ich das nie zugegeben. Später erfuhr ich, dass es den meisten Kameraden ähnlich erging.

Unsere Ausbildung ähnelte anfangs der Grundausbildung bei der Bundeswehr. Wir lernten strammzustehen, in der Formation zu marschieren und mussten unsere Vorgesetzten militärisch grüßen. Wir trugen Stahlhelme beim Marschieren und bei der Waffenausbildung. Den scharfen Schuss übten wir mit dem Sturmgewehr G1, der MP5 und der 9-mm-Dienstpistole; auch das Werfen mit scharfen Handgranaten stand auf dem Stundenplan. Einmal durfte ich sogar mit einem Scharfschützengewehr, dem neuen G3, schießen und ich war erstaunt über die Präzision der Waffe. Alle Treffer auf der Scheibe lagen im Bereich von der Größe eines 5-DM-Stücks.

Ein wichtiger Teil der Grundausbildung bestand aus Sport. Besonders gute sportliche Leistungen wurden mit Dienstbefreiung belohnt. Zwei Kollegen und ich erreichten das Bayerische Sportabzeichen in Gold und wir durften uns über zwei Tage Sonderurlaub freuen.

Grundsätzlich erhielten wir bei weit überdurchschnittlichen Leistungen Dienstbefreiungen. Bei einer Überprüfung des Ausbildungsstandes durch Vorgesetzte demonstrierten mein Stubenkollege und ich, wie man einen Einbrecher festnimmt, der gerade versucht, ein Munitionsdepot aufzubrechen. Die Vorführung gelang uns so gut, dass wir mit einem Tag Sonderurlaub belohnt wurden.

Den ersten Ausbildungsabschnitt beendete ich mit guten Ergebnissen. Von Nürnberg aus wurde ich zur Bereitschaftspolizei nach München versetzt. Am Ende des zweiten Ausbildungsabschnitts erreichte ich bei den Vorprüfungen Platz zwei in meiner Abteilung.

Der letzte Abschnitt der Ausbildung fand auf der Polizeischule in Rothenburg ob der Tauber statt. Die Abschlussprüfung der Polizeischule bestand ich mit einem ordentlichen Ergebnis und war unter den besten zehn Prozent von rund sechshundertfünfzig Teilnehmern des Prüfungsjahrgangs. Als frisch beförderter Hauptwachtmeister trat ich zum 1. August 1974 bei der uniformierten Stadtpolizei Nürnberg meinen Dienst an.

Die meisten Kollegen mussten ihre ersten Dienstjahre in München ableisten und ich war froh darüber, eine Stelle in Nürnberg erhalten zu haben. Für junge Polizisten in den unteren Gehaltsgruppen war München ein sehr teures Pflaster und sie konnten sich dort nur unter großen finanziellen Anstrengungen eine eigene Wohnung leisten.

Die Dienstzeit in Nürnberg empfand ich als sehr lehrreich. Die Kollegen, mit denen ich auf Streife fuhr, waren in der Regel nur wenige Jahre älter als ich und mit ihnen kam ich gut aus. Von ihnen lernte ich die tagtägliche Arbeit und die typischen Einsätze der uniformierten Polizei kennen. Dazu zählten die Verkehrsüberwachung, die Festnahme von Straftätern, die Absicherung von Unfallorten und die Schlichtung von familiären Streitigkeiten und Schlägereien, die oft an Feiertagen ausbrachen.

Sehr bald stellte ich fest, dass sich die Ausbildung und die Praxis im Polizeidienst doch sehr unterschieden. Ich habe weder in Nürnberg noch an späteren Dienstorten Handgranaten geworfen und nicht mit dem Sturmgewehr G1 geschossen. Auch trugen wir keine Stahlhelme, marschierten nicht in Reih und Glied und mussten unsere Dienstvorgesetzten nicht militärisch grüßen.

Eine komprimierte theoretische Ausbildung auf der Polizeischule und mehr Praktika während der Ausbildung hätten uns junge Polizisten viel besser auf das vorbereitet, was uns im täglichen Schichtdienst erwartete.

Zum Beispiel bereitete man uns in keiner Weise darauf vor, wie man sich bei Konflikten mit Vorgesetzten verhielt. Einer unserer Wachleiter war Alkoholiker und trank auch während des Dienstes, was mir gar nicht behagte. Der Kollege fuhr alkoholisiert zu Kontrollen hinaus und nahm Autofahrern den Führerschein ab, wenn sie etwas getrunken hatten. Das war für mich eine untragbare Situation. Nach meinem Empfinden musste man als Polizist im Dienst Vorbild für andere sein.

Eines Morgens vermochte der Vorgesetzte kaum zu sprechen, weil er so betrunken war. Ich habe dann meinen Wagen einfach vor seinem geparkt, damit er nicht wegfahren konnte. Daraufhin ließ er mich über Lautsprecher ausrufen und ordnete an, dass ich sofort mein Fahrzeug wegzufahren habe. Er fuhr im Vollrausch nach Hause. Jeder schaute zur Seite und niemand unternahm etwas gegen ihn. Hätte ich mich dazu geäußert oder sogar versucht, ihm den Führerschein abzunehmen, wäre ich in der Dienstgruppe unten durch gewesen. Nestbeschmutzer sind bei der Polizei nicht gern gesehen.

Wie heißt es so schön: Eine Krähe hackt der anderen kein Auge aus. Und das galt auch für das Fahren unter Alkoholeinfluss.

Erste Erfahrungen

Wenn wir zu Einsätzen geschickt wurden, war ich als Neuling immer bestrebt, meine Arbeit hundertprozentig zu erledigen, auch um bei meinen Kollegen einen guten Eindruck zu hinterlassen. Besonders ältere Beamte waren dankbar dafür, wenn ich trotz heftiger Gegenwehr einen Straftäter überwältigen und ihm die Handschellen anlegen konnte. Sie mussten sich nicht körperlich anstrengen und vermieden es, verletzt zu werden.

An einem warmen Sommernachmittag fuhr ich mit einem Kollegen Streife. Die Leute gingen in luftiger, bequemer Sommerkleidung spazieren, saßen vor Cafés in der Sonne und genossen Eis oder kühle Getränke, während wir in unserer dicken, unbequemen Uniform in einem aufgeheizten Dienstfahrzeug saßen, dessen „Klimaanlage" aus den Optionen *„Scheibe rauf"* oder *„Scheibe runter"* bestand.

Wir befuhren langsam eine der größeren Durchgangsstraßen in unserem Revierbereich und ließen unsere Blicke schweifen. Eins hatte ich von den Kollegen schnell gelernt: Suche nach etwas Ungewöhnlichem oder nach altbekannten Gesichtern. Leute, die meinten, etwas zu verbergen zu haben, reagierten oft ähnlich, wenn sie einen Polizeiwagen erblickten: Sie drehten sich um, damit man ihr Gesicht nicht sah, versuchten in Hauseingängen oder Hofeinfahrten zu verschwinden oder gingen zurück in das Lokal, welches sie gerade verlassen hatten. Auch interessierten wir uns für Autos mit auswärtigen Nummernschildern, die vor einschlägigen Etablissements oder zwielichtigen Kneipen parkten und in denen auffällig unauffällig Männer saßen. Bestimmte Verhaltensweisen waren immer ein Alarmsignal für uns: Jemand versuchte, sich aus dem Staub zu machen, und rannte los, wenn er uns sah.

An dem Tag gab der Fahrer eines Autos beim Anblick unseres Streifenwagens Vollgas, verstieß gegen alle Regeln der Straßenverkehrsordnung und überfuhr mehrere rote Ampeln.

Wir schalteten Sirene und Blaulicht an und fuhren hinterher. Der Wagen des Verkehrssünders war deutlich schneller als unser VW-Bus und wir verloren ihn schnell aus den Augen. Wir informierten die Zentrale und baten um Unterstützung. Kurz darauf erwischten Kollegen aus einem Nachbarrevier den Flüchtenden und verhafteten ihn. Es handelte sich um einen mit Haftbefehl gesuchten Zuhälter.

Unsere Fahrzeuge waren zwar nicht die schnellsten, aber wir hatten Funk und konnten über die Einsatzzentrale Kollegen anderer Dienststellen um Hilfe bitten. In der Regel nahmen mehrere Streifenwagen die Verfolgung auf und die Flucht war schnell zu Ende.

Bekanntermaßen sind viele Hunde des Hasen Tod.

***

An einem frühen Morgen im Sommer, es war noch dunkel, soweit ich mich erinnere gegen 04.00 Uhr, fiel uns ein Moped auf, auf dem zwei junge Männer saßen. Im gleichen Augenblick bemerkten sie uns und der Fahrer versuchte zu flüchten. Er beschleunigte und bog, ohne den Blinker zu setzen, in eine Nebenstraße ein. Das erschien uns mehr als verdächtig!

„Die sollten wir kontrollieren!", meinte mein Kollege, schaltete Blaulicht und Sirene ein und startete die Verfolgung.

Wir kannten das Viertel: eine ruhige Wohngegend mit Vorgärten, Busch- und Baumbestand und Hecken, die die Grundstücke begrenzten.

Schon nach einhundert Metern hatten wir sie eingeholt und zwangen sie zum Abbremsen. Der Fahrer ließ das Moped fallen und beide Männer liefen los, während ich aus dem Einsatzfahrzeug sprang. Einen erwischte ich sofort, weil er über die Bordsteinkante stolperte. Ich drückte ihn zu Boden und übergab den Mann meinem Kollegen, der hinzugeeilt kam. Der legte ihm Handschellen an und verfrachtete ihn in unser Dienstfahrzeug. Währenddessen nahm ich die Verfolgung des zweiten Flüchtigen auf. Als der merkte, dass ich deutlich schneller laufen konnte als er, machte er eine Art Kopfsprung über eine Hecke und wollte wohl versuchen, zwischen den Häusern zu verschwinden. Ich hechtete hinterher und landete verdammt hart. Hinter der Hecke befand sich kein Rasen, sondern die Zufahrt zu einer Tiefgarage und ich fiel rund fünf Meter tief. Zwar gelang es mir noch, mich abzurollen, das übt man im Kampfsport hunderte Male, aber erst einmal wurde ich ohnmächtig.

Als ich wieder aufwachte, lag ich neben dem jungen Mann, der aus einer starken Kopfwunde blutete und unter dessen Kopf sich schnell eine Blutlache ausbreitete. Ich rappelte mich trotz der Schmerzen hoch und rief meinem Kollegen zu, er solle den Notarzt verständigen. Weil bei dem Mann eine schwere Kopfverletzung vorlag, wurde ein Rettungshubschrauber angefordert, der ganz in der Nähe landen konnte. Die schnelle Notversorgung nützte jedoch nichts. Noch auf dem Weg ins Krankenhaus verstarb der junge Mann an den Folgen der schweren Kopfverletzung.

Später erfuhren wir, die beiden hatten einen Einbruch verübt und angenommen, wir hätten davon gewusst und nach ihnen gesucht.

In der Jackentasche des Verunglückten fand man eine Flasche Rum, die, so makaber es erschien, den Sprung über die Hecke und den Aufschlag auf dem betonierten Boden unbeschädigt überstanden hatte.

Ich erlitt starke Prellungen an meiner linken Körperseite. Der Arzt wollte mich ins Krankenhaus einweisen, doch ich zog es vor, zuhause zu bleiben. Insgesamt sechs Wochen wurde ich krankgeschrieben und meine linke Körperseite zierte ein riesiger Bluterguss, der alle Farben von Dunkelrot über Violett bis Gelb durchmachte.

Der Vorfall war einer Nürnberger Zeitung die Schlagzeile auf der ersten Seite wert. Ein Bild von mir wurde gedruckt und ganz Nürnberg kannte mich und meine Geschichte.

Von einigen Kollegen musste ich mir Spott gefallen lassen. Sie ließen mich wissen, ich solle nicht jedem Einbrecher auf Biegen und Brechen hinterherlaufen und viel vorsichtiger sein. Ihre Haltung erschien mir im ersten Moment befremdlich, aber ich lernte daraus und handelte in Zukunft bei Einsätzen überlegter.

Schnell wurde mir klar: Niemand dankt es einem Polizisten, wenn er sich im Dienst verletzt.

In einer großen deutschen Boulevardzeitung, die mit den vier Buchstaben, las ich später, dass es sich bei einem der Täter um den Sohn eines Politikers gehandelt hatte, der auf die schiefe Bahn geraten war. Die Polizei wollte diese Information eigentlich geheim halten, aber irgendwer hatte sie an die Presse weitergegeben. Man kann es drehen und wenden, wie man will. Der Kreis der Leute, die diese Information weitergeben konnten, war klein: Sanitäter, Notarzt, Krankenhauspersonal, aber auch ein Zeuge, der den Getöteten gekannt hatte.

Und sicherlich hat sich die Zeitung dem Informanten gegenüber erkenntlich gezeigt. Beweisen lässt sich das allerdings nicht.

***

Nachdem ich den Dienst wieder angetreten hatte, wurden mein Kollege und ich an einem Nachmittag kurz vor Dienstschluss vom Wachleiter zu einem Getreidesilo geschickt, das im Hafen Nürnberg stand.

„Da hat es gebrannt. Redet mit dem Verantwortlichen, einem Herrn S. Der meinte am Telefon, ein technischer Defekt sei die Ursache. Schaut mal nach, was ihr rausfindet", wies uns der Oberkommissar an.

Wir verdrehten die Augen. Solch eine Vernehmung und die Untersuchung eines Brandortes kurz vor Dienstschluss bedeuteten in der Regel Überstunden. Ich hatte an dem Abend eine Verabredung mit Julia, einem hübschen Mädchen, mit der ich ins Kino gehen wollte. Mir schwante schon, daraus würde nichts werden. Und so war es dann auch.

Das Silo mit seinen charakteristischen Türmen lag an einem der Hafenbecken. So konnten Schiffe direkt davor anlegen und das Getreide wurde über dicke Schlauchleitungen in die Türme oder in die Laderäume der Schiffe gepumpt.

Der Betriebsleiter empfing uns in seinem Büro und bat uns, Platz zu nehmen. Nach den ersten Fragen, die er alle zu unserer Zufriedenheit beantwortete, bat er uns mitzukommen.

„Ich kann mir denken, wieso der Brand ausgebrochen ist", erklärte Herr S. uns. „Er wurde durch einen Kurzschluss verursacht." Er führte uns in einen Raum, der direkt unter einem der Silotürme lag. Dort war ein Teil der Elektrotechnik untergebracht.

Die Fensterscheiben waren geplatzt und die Eingangstür aus Metall stand offen. Innen war alles verrußt und es stank fürchterlich nach verbrannten Kabelisolierungen. Ein großer Verteilerkasten, der an der Rückwand hing, war völlig zusammengeschmolzen. „Ich gehe davon aus, dass es dort den Kurzschluss gegeben hat, der den Brand auslöste", meinte der Betriebsleiter.

Das erschien uns ein plausibler Grund zu sein.

Das Feuer war von Mitarbeitern mit Feuerlöschern unter Kontrolle gebracht worden und zwei Mann standen bereit, um ein Wiederaufflammen zu verhindern.

Wir begleiteten den Betriebsleiter noch einmal zurück in sein Büro und nahmen dort seine Personalien und die seiner Mitarbeiter auf. Er bot uns noch einen Kaffee an, aber wir lehnten dankend ab, verabschiedeten uns und machten uns auf den Rückweg zu unserem Streifenwagen, der auf einem Parkplatz gegenüber dem Verwaltungsgebäude stand. Um den Rest würden sich die Gutachter der Berufsfeuerwehr und der Versicherung kümmern.

Ich schaute auf meine Uhr: kurz vor 18.00 Uhr. Wenn ich Glück hatte, konnte ich das Mädchen noch rechtzeitig vor dem Kino treffen. Schnell zurück in die Dienststelle, umziehen, nach Hause, duschen und ...

Hinter uns explodierte unter ungeheurem Getöse das komplette Silo. Der heiße Druck der Detonationen schleuderte uns ein paar Meter zur Seite. Wir blieben völlig geschockt auf dem Boden liegen und schützten unsere Köpfe mit den Armen, als größere und kleinere Metallteile und Betonbrocken rings um uns niederregneten.

„Was war das denn?", stöhnte mein Kollege und blickte mich entsetzt an.

Ich schaute auf. Seine Uniform war völlig eingestaubt und sein Rücken übersät mit Metallsplittern und kleinen Steinbrocken. Ich sah sicherlich nicht anders aus.

„Das Ding ist explodiert!" Mehr wusste ich in diesem Moment auch nicht zu sagen.

Fassungslos blieben wir noch einen Moment liegen.

„Ist dir was passiert?", fragte ich.

Mein Kollege schüttelte den Kopf. „Nein. Mir tut nichts weh."

In meinen Ohren klingelte es, aber ansonsten schien auch ich keine Verletzungen davongetragen zu haben.

„Komm hoch!"

Wir sprangen auf und schauten uns um. Dort, wo vor wenigen Augenblicken noch die weißen Silotürme gestanden hatten, erblickten wir eine riesige Rauchwolke über qualmenden Mauerresten und verbogenen Stahlträgern.

„Wir brauchen Hilfe und Verstärkung. Und die Feuerwehr!", schrie ich meinem Kollegen zu und rannte hinüber zu unserem Streifenwagen.

Von dem war nicht viel übriggeblieben. Ein großes Metallteil war durch den Explosionsdruck hochgeschleudert worden, hatte das Fahrzeugdach durchschlagen und war unten am Kardantunnel wieder ausgetreten. Hätten wir in dem Moment schon im Wagen gesessen, wäre es unser Ende gewesen. Das Metallteil hatte beide Vordersitze zerstört.

Hätte und wäre: Wären wir dreißig Sekunden länger im Büro des Betriebsleiters geblieben und hätten wir den angebotenen Kaffee angenommen ... wären wir dreißig Sekunden früher losmarschiert und hätten schon in unserem Streifenwagen gesessen ...

Aber darüber zerbrachen wir uns erst viel später den Kopf.

Zu unserem Glück funktionierte das Funkgerät noch und wir forderten Verstärkung, die Feuerwehr, alle verfügbaren Notärzte und auch Rettungshubschrauber an.

„Wir müssen sehen, ob wir Hilfe leisten können!", sagte mein Kollege, als ich den Anruf beendet hatte. Noch heute bin ich erstaunt darüber, wie ruhig und besonnen wir damals geblieben sind.

Jetzt kamen uns schon die ersten Verletzten entgegen. Bei einigen qualmten die Kleidung und die Haare noch und viele Gesichter waren bis zur Unkenntlichkeit geschwärzt. Wir vermochten auf Anhieb noch nicht einmal zu erkennen, ob die Leute Frauen oder Männer waren.

Zum Glück dauerte es nicht lange, bis wir die ersten Sirenen näherkommen hörten, und bald waren an der Unglücksstelle rund zwanzig Notarztwagen eingetroffen, über einhundert Polizisten und eine große Anzahl von Feuerwehrleuten im Einsatz.

Die Männer von der Berufsfeuerwehr waren wirklich nicht zu beneiden. Sie mussten in Spezialanzügen mit Atemschutzausrüstungen in die qualmenden, heißen Überreste des Silos vordringen und dort nach Überlebenden suchen.

Sie fanden nur noch Tote vor. Auch der Betriebsleiter war bei der Explosion in seinem Büro ums Leben gekommen.

Mein Kollege und ich verbrachten mit anderen Polizisten den ganzen Abend damit, den abgesperrten Bereich um die Unglücksstelle zu sichern. Man glaubt gar nicht, wie viele Leute sich bei solchen Ereignissen einfinden und am liebsten noch zwischen den Einsatzkräften herumlaufen würden.

Julia wartete währenddessen ungeduldig vor dem Kino auf mich, bis der Hauptfilm angefangen hatte. Dann ging sie nach Hause.

Am nächsten Tag rief ich sie an. „Lass mich das erklären, Julia. Ich war ..."

Sie hörte sich meine Entschuldigung gar nicht zu Ende an und legte wortlos auf.

Das war das Aus für unsere junge Liebe.

Versetzung nach Regensburg

Drei Jahre später erlitt mein Vater einen Herzinfarkt und trotz aller Differenzen, die ich mit ihm gehabt hatte, bemühte ich mich, vorzeitig nach Regensburg versetzt zu werden. Vor allen Dingen wollte ich im Fall seines Todes meiner Mutter beistehen können.

In der Regel mussten damals die jungen Polizisten mindestens fünf Jahre in einem der bayerischen Ballungsgebiete ihren Dienst ableisten. So suchte ich nach einer Gelegenheit, eine vorzeitige Versetzung zu erreichen. Ich beschloss, einen mir bekannten Landtagsabgeordneten aufzusuchen und ihn um Hilfe zu bitten. In einer Gaststätte im Landkreis Cham fand eine Veranstaltung mit dem Abgeordneten als Hauptredner statt, zu der ich hinfuhr.

Den Herrn Abgeordneten traf ich auf der Toilette und beim Händewaschen schilderte ich ihm mein Problem. „Können Sie mir helfen?", bat ich ihn.

Er ließ sich einen Zettel mit meinem Namen geben und versprach mir: „Ich kümmere mich darum."

Zwei Monate später erhielt ich meine Versetzung und trat im August 1977 meinen Dienst in Regensburg an. Später erklärte mir ein Vorgesetzter, meine Versetzung habe mit einer Intervention des Politikers gar nichts zu tun gehabt. Man habe einfach eine Stelle in Regensburg freigehabt, für die ich geeignet erschien.

Mir war der Grund egal.

Nach meiner letzten Schicht in Nürnberg standen gut vierzig Kollegen im Hof Spalier und taten so, als wollten sie mich nicht gehen lassen. Ich war sehr erstaunt und auch gerührt darüber, dass offensichtlich meine Arbeit von ihnen so geschätzt worden war.

Regensburg hatte ich als Kind einige Mal besucht und war immer fasziniert von der Straßenbahn und dem großen Dom gewesen. Im Jahr 1977 war die Stadt für mich als Polizist ein unbeschriebenes Blatt. Auf den ersten Blick kam ich mir hier vor wie in der Provinz. Im Jahr 1975 betrug die Einwohnerzahl von Nürnberg etwas mehr als eine halbe Million; in Regensburg waren es gerade einhundertdreißigtausend.

Nur zur Erinnerung: Zu der Zeit lehrte an der Theologischen Fakultät der Universität Regensburg Professor Joseph Ratzinger, der spätere Papst Benedikt XVI. Ich kannte ihn natürlich nicht und auch Eingeweihte konnten sich nicht vorstellen, dass er nach seiner Ernennung zum Münchner Kardinal später in den Vatikan wechseln und zum Oberhaupt der Katholiken gewählt werden würde.

Der Dom, das fiel mir erst jetzt als Erwachsener auf, sah außen fast schwarz aus. Abgase, der zunehmende Verkehr und die Witterung hatten ihm stark zugesetzt. Die Straßenbahn gab es nicht mehr, aber der ehemalige Verlauf der Straßenbahngleise war in der Innenstadt noch gut zu erkennen. Die Straßenbeläge waren noch nicht saniert worden und die Damen stolperten in ihren Schuhen mit Absätzen über das unebene Pflaster.

Der Ausbau der Universität und der Fachhochschule wirkte sich schon positiv auf die Ansiedlung von Industriefirmen aus, doch richtig beschleunigen sollte sich dies erst mit dem Bau des BMW-Werks in Harting Anfang der Achtzigerjahre.

Nürnberg lag an mehreren Autobahnen, die in Nord-Süd- und Ost-West-Richtung verliefen, während Regensburg mit dem Auto schlecht zu erreichen war. In Regensburg endete die Autobahn und die vorhandenen Bundesstraßen waren eng und wenig ausgebaut. Es sollte bis weit in die achtziger Jahre dauern, bis die A 3 die Niederlande und Österreich durchgehend verband und die A 93 vom Dreieck Holledau bis Weiden befahrbar war.

Die Oberpfalz lag am Rand Westeuropas und grenzte an das Zonenrandgebiet, in dem die Arbeitslosenquote bei rund vierzig Prozent lag. Wenn man von Regensburg aus in den Nachbarlandkreis Cham fuhr, war der freie Westen dort zu Ende. Wandte man sich noch wenige Kilometer weiter nach Osten, gelangte man an den Eisernen Vorhang und dahinter lag die kommunistische Tschechoslowakei, für uns ein *Terra incognita*.

Auch die Kollegen in Regensburg verhielten sich deutlich anders, als ich es bisher gewohnt war. Rief man uns in Nürnberg zu einem Einsatz, ging es sofort zur Sache. Unsere Devise war: Schnell hin, alles überprüfen und die Täter festsetzen, wenn es sein musste, mit robusten Methoden.

„Die Bullen kommen!", war in Nürnberg ein Alarmruf und wer nicht schnell genug verschwinden konnte, musste wohl oder übel kooperieren. Das wussten die Ganoven, und wenn wir die Papiere verlangten, bekamen wir sie in der Regel sofort ausgehändigt. Diskussionen wurden nicht geduldet! Das empfand ich als effektiven Streifendienst.

Hier, in Regensburg, kam hartes Eingreifen kaum vor. Verlangten wir die Papiere, wurde erst einmal diskutiert, ob es überhaupt notwendig war, diese vorzuzeigen. Oft behaupteten Leute einfach, sie hätten ihre Papiere nicht dabei, was Kollegen gelegentlich akzeptierten. Bei lokalen Größen ließ man schon mal eine Fünf gerade sein.

Auch passierte es, dass man versuchte, Polizisten zu bestechen. An einem späten Abend fuhr ich Streife und stoppte einen Mercedesfahrer, dessen Fahrstil mir verdächtig vorkam. Der Mann, ein Bruder eines bekannten Regensburger Unternehmers, hatte getrunken und versuchte, mir einige Scheine zuzustecken.

„Das können wir doch so regeln, Herr Wachtmeister", meinte er und zwinkerte mir zu. „Ich bin ja gleich zu Hause."

Ich tat so, als hätte ich seinen Bestechungsversuch nicht mitbekommen. Eigentlich hätte ich ihn deswegen anzeigen müssen, aber man wusste nie, ob nicht hinterher ein Rechtsanwalt behauptete, ich hätte ihm angeboten, gegen Geld die Sache fallen zu lassen.

Der Fahrer des Mercedes musste seinen Wagen abstellen und ihm wurde eine Blutprobe entnommen. Er verlor seinen Führerschein.

Einige Regensburger Kollegen, viele deutlich älter als ich, wirkten auf mich zögerlich, manchmal fast ängstlich. Ich kann mich noch an einen Fall erinnern, als wir zu dritt während des Nachtdiensts zu einer Schlägerei zwischen Betrunkenen in eine Kneipe gerufen wurden. Für mich war die Sache klar. Rein in die Kneipe, uns vom Wirt sagen lassen, wer die Raufbolde waren, denen die Handschellen anlegen und ab mit ihnen in die Ausnüchterungszelle. So stellte ich mir das vor.

Aber der Kollege, der den Streifenwagen lenkte, fuhr erst einmal langsam an der Kneipe vorbei, dann einmal um den Block.

„Was hast du denn vor?", wollte ich wissen.

„Erst mal schauen. Vielleicht sind die Schläger schon abgehauen, als sie bemerkten, dass der Wirt uns angerufen hat."

Nach der Runde um den Block bremste er vor dem Gasthaus ab, funkte erst einmal die Dienststelle an und erkundigte sich, ob unser Einsatz noch notwendig sei. Er war noch notwendig und wir gingen zu zweit in die Gaststube.

Zwei Männer waren in Streit geraten und der eine hatte seinen Konkurrenten auf die Bretter geschickt. Als der Wirt eingriff, demolierte der Wütende einen Tisch, zerschlug ein paar Stühle und warf Bierflaschen durch die Gegend.

Ich schaute mich um. Einer saß auf dem Boden, lehnte sich mit dem Rücken an die Wand und stöhnte. Aus seiner Nase lief Blut. Sein Gegner, ein großer, stabiler Mann, stand schwankend vor den Resten eines Tischs, ein Stuhlbein in seiner Hand.

„Jetzt ist Feierabend!", sagte ich. „Leg das Stuhlbein weg!"

Das gefiel dem Betrunkenen gar nicht. Er pöbelte mich an, kam auf mich zu und wollte mich wegschubsen. Ich konnte es absolut nicht leiden, wenn man versuchte, mich anzufassen oder zu bedrängen. Mit dem Betrunkenen machte ich kurzen Prozess. Zwei Sekunden später lag er auf dem Boden, ich drehte ihm die Arme nach hinten und legte ihm Handschellen an. Als ich den Typen hochzog, sah ich, dass mein Kollege in sicherer Entfernung neben der Eingangstür stehengeblieben war. Er schien körperlichen Einsatz zu scheuen und wollte wohl vermeiden, ein blaues Auge geschlagen zu bekommen.

Ich ließ ihn später den lästigen Schreibkram erledigen.

***

Bis es dazu gekommen war, dass ich Streifendienst fahren durfte, war ein Jahr vergangen. Zu meinem Entsetzen wurde ich in Regensburg anfangs zur Verkehrspolizei versetzt, und zwar zur Verkehrsunfallaufnahme, kurz Unfallkommando genannt, bei dem fast nur ältere Kollegen Dienst taten. Die erledigten ihren Dienst so, wie sie es schon seit Jahren taten, und ich fand nur schwer privaten Kontakt zu ihnen.

Außerdem war das einfach nicht die Arbeit, die ich mir als Polizist vorgestellt hatte: Unfälle aufnehmen, Fotos vom Unfallort machen, Spuren auswerten und hinterher umfangreiche Papierarbeiten erledigen.

Mein Ziel war gewesen, zur Verkehrsüberwachung zu kommen. Ich fuhr privat gerne und viel Motorrad und hatte darauf gehofft, als Kradfahrer eingesetzt zu werden. Es wurde zwar von den Vorgesetzten nicht gerne gesehen, aber ich fasste mir ein Herz und rief den Polizeipräsidenten direkt an.

Dessen Antwort war kurz und bündig: „Seien Sie froh, dass Sie überhaupt so früh nach Regensburg versetzt worden sind!"

Ansonsten solle ich meine Arbeit machen, fügte er hinzu.

Es sprach sich natürlich schnell unter den Kollegen herum, dass ich einen ersten großen Dämpfer erhalten hatte. Wie man sich sicher vorstellen kann, dachte ich nicht daran aufzugeben.

Beim Dienstsport lernte ich den Dienststellenleiter der Polizeiinspektion 2 (heute Polizeiinspektion Regensburg Nord) kennen und freundete mich mit ihm an. Ihm imponierten meine sportlichen Leistungen im Kampfsport und in der Leichtathletik. Bei Wettkämpfen hatte ich bereits einige Medaillen für die Regensburger Polizei gewonnen.

An einem Abend saßen wir nach dem Training zusammen in einer Sportgaststätte und ich erzählte ihm, dass es mir bei der Verkehrspolizei gar nicht gefiel.

Er überlegte einen Moment, dann meinte er: „Ich werde mich darum kümmern. Mal sehen, ob ich ganz oben was erreichen kann." Er trank einen Schluck Mineralwasser. Alkohol mochte er überhaupt nicht.

„Gebrauchen könnte ich dich schon", fügte er hinzu. „Und eine BMW 750 setzen wir während jeder Schicht als Streifenfahrzeug ein." So wuchs meine Hoffnung, bald mit einem der weiß-grün lackierten Polizeimotorräder Streife fahren zu dürfen.

Der Dienststellenleiter der PI 2 schien tatsächlich einen guten Draht nach oben zu haben. Am 1. August 1978 erhielt ich meine Versetzung zu dieser Polizeiinspektion. Ich wurde zum Schichtdienst eingeteilt und fuhr Streife. Zu meiner großen Freude schickte man mich auf Lehrgänge und ich durfte eine der BMW 750 lenken, die die Dienststelle besaß. Die Einweisungen für das Motorrad fanden auf dem BMW-Testgelände in Aschheim bei München statt. Wir lernten die Technik kennen und übten das Fahren unter schwierigen Bedingungen. Dazu gehörten schnelles und ganz langsames Fahren, Bremsen auf nassem, trockenem und rutschigem Untergrund und die Bewältigung weiterer kritischer Fahrsituationen.

Die Streifenfahrten auf dem Motorrad gefielen mir, obwohl der Dienst nicht immer einfach war. Bei Regenwetter, Kälte und Dunkelheit auf einem Motorrad unterwegs zu sein, ist kein Zuckerschlecken.

Besondere Highlights waren die Sondereinsätze, zu denen wir Motorradfahrer abkommandiert wurden. Die Einsätze beim Kötztinger Pfingstritt, wir regelten den Verkehr und hielten den Weg für die Reiter frei, sind mir in guter Erinnerung geblieben. Einmal gehörte ich mit meiner Maschine zur Eskorte für den Regensburger Bischof. Das wurde im Fernsehen gezeigt und man konnte mich in Großaufnahme bewundern. Ich bekam das allerdings nicht mit, da ich am folgenden Tag meinen Urlaub antrat. Als ich aus meinem Urlaub zurückkam, sprach man mich mehrfach darauf an, dass ich im Fernsehen zu sehen gewesen war.

***

Noch im Jahr 1977, gleich nach meiner Versetzung nach Regensburg, verliebte ich mich in ein hübsches Mädchen.

Am Wochenende besuchte ich gelegentlich eine beliebte Disko. An einem dieser Samstage war viel los und auf der Tanzfläche drängelten sich die Paare. Der Diskjockey legte Platten von Boney M., ABBA und Smokie auf, also Musik, die damals „in" war. Cola mit Asbach, Apfelkorn und Bier flossen in Strömen und die Stimmung war, sagen wir mal, gelöst.

Ich ließ meine Blicke schweifen und erblickte auf der Empore oberhalb der Tanzfläche zwei blonde Mädchen, eine kleine Zierliche, die andere etwas größer, die zu mir hinunterschauten.

„Die eine will ich kennenlernen", dachte ich, stieg die Treppe hinauf und forderte die Größere zum Tanzen auf. Die hatte wohl keine Lust, ich glaube, sie hatte auch einen Freund, und so fragte ich ihre Freundin. Sie ging mit mir hinunter auf die Tanzfläche, wo wir uns in dem Gedränge schnell näher kamen. Sie passte gut zu mir. Ich war groß und dunkel, sie kleiner, schlank und blond.

An diesem Abend lernte ich meine erste Frau kennen, die ich noch im selben Jahr heiratete.

Anfangs ging alles gut mit uns beiden. Sie arrangierte sich mit meinem Schichtdienst, den Wochenenddiensten und den Überstunden. Ich hatte fast nur Freunde, die auch Polizisten waren. Wir feierten zusammen und unsere Frauen und Freundinnen kamen in der Regel gut miteinander aus.

Wir begannen zu reisen und gerne erinnere ich mich an unsere schönen Urlaube in Kenia, den USA und auf Mallorca. Auch Marokko besuchten wir, ein Land, in dem es damals noch keine internationalen Hotels mit vielen Sternen und *All Inclusive* gab.

Dann passierte etwas, was unsere Ehe sehr belastete und letztendlich auch zerstörte. Die Mutter meiner Frau erkrankte sehr schwer und musste in ein Heim verlegt werden. Meine Frau bekam Angst, sie würde die gleiche Krankheit bekommen, was bei ihr zu großen psychischen Problemen führte. Der Arzt verschrieb ihr Schlafmittel und Antidepressiva und sie kam mit einem Mal mit meinen Dienstzeiten nicht mehr zurecht. Ich konnte das nicht ändern – ich war Polizist und musste im Schichtdienst, an Wochenenden und Feiertagen arbeiten.

Immer häufiger gab es Streit und ich musste mir Vorwürfe anhören („Du bist nie zu Hause, wenn ich dich brauche!"). Meine Frau begann, an Wochenenden mit Freundinnen auszugehen. Es war schon ein komisches Gefühl, wenn ich auf einer Streifenfahrt früh morgens unseren Privatwagen vor einer Disko stehen sah.

All das führte dazu, dass wir 1982 ohne größere juristische Auseinandersetzungen und in beiderseitigem Einverständnis geschieden wurden.

Bei nicht wenigen Kollegen zerbrachen die Ehen, weil die Paare nicht mit den Umständen des Polizeiberufs zurechtkamen. Es ist nicht einfach, vor allem wenn man Kinder hat, am Heiligen Abend, über Silvester oder an den Osterfeiertagen arbeiten zu müssen.

Auch ist es für Kinder schwierig, ruhig zu sein, keinen Krach zu machen und sich nur leise zu unterhalten, wenn ihr Vater nach einer anstrengenden Nachtschicht nach Hause kommt und schlafen will.

Meine Freizeit verbrachte ich nach meiner Scheidung mit Sport und noch mehr Sport. Beim Laufen, in der Leichtathletik und vor allem beim Judo powerte ich mich aus. So hielt ich mich fit für den Dienst und konnte mein angeschlagenes Ego, die Scheidung hatte mir doch mehr zugesetzt, als ich es mir selbst eingestehen wollte, wieder etwas aufpolieren.

Doch dann gab es zwei Entwicklungen im persönlichen und dienstlichen Bereich, die ich als sehr positiv empfand: Ich verliebte mich wieder und erhielt das Angebot, zur Kriminalpolizei zu wechseln.

***

Auf einer Streifenfahrt rollten wir an einem späten Samstagabend durch die Regensburger Altstadt. Eine Funkmeldung erreichte uns, in einer Disko in der Oberen Bachgasse würde ein Ausländer Mädchen belästigen. Wir befanden uns nur zwei Straßen entfernt und bremsten eine Minute später vor der Disko ab. Mein Kollege und ich gingen rein und sahen uns um.

Innen war es voll, laut und heiß. Der Mann, soweit ich mich erinnere, ein Kroate, versuchte sofort, nach draußen zu verschwinden, als er uns erblickte. Er kam nicht einmal bis zur Ausgangstür, da hatte ich ihn schon. Ich legte ihm Handschellen an, drapierte ihn auf einem Stuhl und fragte nach seinen Personalien.

Die jungen Frauen standen in der Nähe des Eingangs und machten unterschiedliche Angaben. Die eine gab an, sie habe sich nicht belästigt gefühlt und fände den Kroaten sogar sehr nett, während die andere, die jüngere der beiden, sie war gerade neunzehn geworden, von aufdringlichem Verhalten, „betatschen" und „in den Po kneifen" berichtete. Wir baten sie mitzukommen und verfrachteten auch den Kroaten, der sich nicht ausweisen wollte, in den Streifenwagen. Auf der Wache zeigte er uns schließlich widerstrebend seinen Ausweis. Wir notierten seine Personalien und ließen ihn laufen. Es war uns von vorneherein klar, dass der Staatsanwalt die Strafsache einstellen würde. Anschließend fuhr ich die junge Frau im Streifenwagen nach Hause. Sie machte sich schon Sorgen, dass ihre Eltern ihr Vorwürfe machen würden, weil sie zu spät nach Hause kam.

Sie ging mir nicht aus dem Kopf. Es war für mich Liebe auf den ersten Blick. Zum Glück kannte ich ihren Namen und ihre Adresse und am nächsten Tag rief ich bei ihr an. Ihre Mutter meldete sich und meinte, ihre Tochter sei nicht zuhause. Das ging mehrfach so in den folgenden Tagen. Nie gelang es mir, die Tochter ans Telefon zu bekommen.

Am nächsten freien Wochenende ging ich in die Disko und schaute mich um. Das Mädchen saß zu meiner großen Freude an der Bar, trank eine Cola und ich setzte mich neben sie.

„Kennst du mich?"

Entnervtes, gelangweiltes Kopfschütteln. Sie schien das für eine plumpe Anmache zu halten und ließ mich das spüren.

Ich gab nicht auf. „Du bist schon einmal in meinem Auto mitgefahren."

Ein empörter Blick. „Nie!"

Jetzt gab ich mich zu erkennen und endlich lachte sie.

An diesem Abend tanzten wir viel miteinander und kamen uns persönlich näher.

Wir haben im Februar 1986 geheiratet und sind heute immer noch ein glückliches Paar.

Ausbildung zum Kriminalbeamten

Ich bekam Probleme mit meinem Dienstgruppenleiter. Er erteilte mir die Anordnung, eine Bagatellsache zu bearbeiten, obwohl sich in meinem Fach die unbearbeiteten Fälle stapelten. Ich war jemand, der seinen Mund nicht halten konnte, und antwortete ihm, wenig diplomatisch, er solle es doch selbst machen, als er die Anweisung wiederholte.

Als Disziplinarmaßnahme wurde ich in eine andere Schicht versetzt, was deren Schichtleiter wiederum gar nicht behagte. Mit ihm geriet ich schnell aneinander.

Kurze Zeit darauf zitierte man mich zu einem Gespräch mit dem Präsidenten und anderen hohen Beamten. Er könne mir am nächsten Tag mitteilen, was mit mir geschehen würde, erklärte mir der Präsident am Ende des Gesprächs.

Ich verbrachte eine schlaflose Nacht und befürchtete das Schlimmste: zurück zum Unfallkommando versetzt zu werden.

Der Präsident teilte mir am nächsten Tag die Versetzung zur Kriminalpolizei mit. Meine Erfolge als ermittelnder Beamter und die erhaltenen Belobigungen wären die Gründe für seine Entscheidung, so erklärte er mir.

***

Als ermittelnder Beamter war es mir in einigen Fällen gelungen, größere Straftaten aufzuklären oder maßgeblich zur Aufklärung beizutragen.

Dazu zählte die Aufklärung eines bewaffneten Raubüberfalls in Lappersdorf. Zwei maskierte Verbrecher überfielen den Pächter der Gaststätte in einem Sportzentrum, als der gegen 01.00 Uhr seinen Betrieb schließen wollte. Sie erbeuteten zirka 20.000 DM in bar, Schmuck im Wert von fast 100.000 DM und den schwarzen Alfa Romeo des Pächters, in dem sie flüchteten.

Mein Kollege und ich fuhren in der Nacht Streife und uns wurde ein Verkehrsunfall in Regensburg gemeldet. Der Fahrer eines schwarzen Alfa Romeo hatte einen anderen Wagen geschnitten und es kam zu einem Zusammenstoß. Die beiden Insassen des italienischen Wagens flüchteten zu Fuß und ließen den beschädigten Wagen stehen.

„Das waren die beiden aus Lappersdorf! Sie haben sich sicher ein Taxi genommen", sagte ich zu meinem Kollegen, als wir den Unfall aufnahmen.

Der rief die Taxizentrale an und schnell erfuhren wir, wohin ein Fahrer zwei junge Männer gebracht hatte: zu einem Hochhauskomplex im Stadtwesten.

Morgens gegen 04.00 Uhr klingelten wir einige Mieter im Erdgeschoss aus dem Schlaf. Eine ältere Dame gab uns schließlich den entscheidenden Tipp: Im sechsten Stock wohnten zwei junge Männer, auf die die Beschreibung passte.

Wir nahmen die beiden fest und konnten die Waffen, das geraubte Geld und den Schmuck sicherstellen.

Für die schnelle Aufklärung des Falls erhielten mein Kollege und ich eine Belobigung des Polizeipräsidenten.

Der zweite Fall begann ganz harmlos. Ich fuhr mit einem Kollegen Streife im Stadtteil Reinhausen. In der Oberen Regengasse stand an einem Zigarettenautomaten ein junger Mann, der anscheinend nach Geld in der Jackentasche suchte.

„Den kontrollieren wir", sagte ich zu meinem Kollegen.

„Warum?", wollte er verblüfft wissen.

„Einfach so. Wir überprüfen nur seinen Ausweis."

Ich war von meiner Dienstzeit in Nürnberg gewohnt, solche spontanen Kontrollen vorzunehmen, insbesondere, wenn bei einsetzender

Dunkelheit ein einzelner junger Mann irgendwo auffällig unauffällig rumstand oder langsam *spazieren* ging.

Die Kontrolle verlief ergebnislos. Der junge Mann konnte sich ausweisen, war freundlich und verhielt sich kooperativ.

Ich sagte „Danke" und wir fuhren weiter. Aber irgendetwas hatte mich gestört. An der nächsten Kreuzung wusste ich, was mir aufgefallen war. Der Kontrollierte hielt seine rechte Hand irgendwie komisch, so als wäre sie verletzt oder verkrüppelt.

„Fahr noch einmal zurück. Den möchte ich mir noch einmal anschauen."

Mein Kollege warf mir einen Blick zu, der wohl bedeutete: „Du bist nicht ganz richtig im Kopf!"

Wir fanden den Gesuchten schnell, stoppten neben ihm und ich stieg aus.

„Was ist mit Ihrem Arm?", fragte ich ihn und zog an seiner rechten Hand. Aus dem Ärmel seiner Jacke fiel etwas Längliches auf die Straße. Es gab ein metallisches Geräusch: ein Brecheisen.

Das war also die *Verletzung*!

Der junge Mann wurde mit zu unserer Dienststelle Am Protzenweiher genommen und dort verhört. Er gab schnell zu, dass er den Automaten hatte aufbrechen wollen.

Ich telefonierte mit den Kollegen von der Kripo und die holten ihn ab, fuhren mit ihm zu seiner Wohnung. Dort entdeckten sie über hundert Flaschen Schnaps und Likör, rund hundert Stangen Zigaretten und massenhaft einzelne Zigarettenschachteln.

Der harmlose, freundliche, junge Mann war der Einbrecher, den man seit Monaten suchte. Er war für fünfundfünfzig Einbrüche in Kneipen, Bars und Wohnungen sowie für Automatenaufbrüche im Norden von Regensburg verantwortlich.

Ich erhielt eine zweite Belobigung, die in die Personalakte eingetragen wurde.

Auch in einem anderen Fall konnte ich zur Aufklärung einer Einbruchserie beitragen. Es war an einem frühen Morgen gegen 04.30 Uhr. Mein Kollege und ich waren ziemlich müde und wir freuten uns auf das Ende der langen Nachtschicht. Wir fuhren Streife auf der Alten Nürnberger Straße in Winzer, als uns zwei Männer auffielen, die neben der Straße auf dem Bankett in Richtung stadtauswärts gingen. Plötzlich bemerkten sie unseren Streifenwagen und sofort liefen sie los. Der eine sprang in eines der Felder unterhalb der Straße, der andere verschwand zwischen den Häusern auf der gegenüberliegenden Straßenseite.

„Schnapp dir den!", rief ich meinem Kollegen zu, stieg aus dem Polizeiwagen und nahm die Verfolgung des Mannes auf, der über das Gemüsefeld in Richtung Donau lief. Schon nach einhundertfünfzig oder zweihundert Metern hatte ich ihn eingeholt, warf ihn zu Boden und legte ihm Handschellen an. Bei der Festnahme fielen drei Stangen Zigaretten aus der Jacke. Darum wollte er sich also so schnell aus dem Staub machen!

Ich schob ihn zurück zur Straße, gleichzeitig kam mein Kollege mit dem Streifenwagen angebraust. Er hatte den zweiten auch erwischt.

Wir brachten die beiden Männer zur Dienststelle. Dort lagen bereits zwei Anzeigen wegen Einbrüchen in ein Lebensmittelgeschäft und eine Tankstelle vor. Die beiden Männer, sie wohnten im Fränkischen, kamen in eine Zelle und wir übergaben sie bei Schichtende der Kripo.

Kriminalbeamte aus Nürnberg durchsuchten die Wohnungen der Inhaftierten und fanden Waren aus Einbrüchen in ganz Bayern im Wert von 150.000 DM.

Durch die Festnahme der beiden Männer konnte eine große Serie von Einbrüchen aufgeklärt werden.

Wir erhielten Belobigungen vom Polizeipräsidenten. Es war meine dritte.

Sicherlich spielten auch meine sehr guten sportlichen Leistungen und Erfolge eine Rolle. Ich hatte bei den Judomeisterschaften der Bayerischen Polizei in Regensburg einen Podestplatz erreicht. Mittlerweile trug ich den Schwarzen Gürtel (1. Dan) im Judo und hielt mich durch viele sportliche Aktivitäten fit.

Der Präsident fügte hinzu, ich sei bei der Kripo gut aufgehoben. Die Schichtleiter, mit denen ich vorher zusammengearbeitet hatte, waren überrascht und auch entsetzt. Viele Kollegen bewarben sich auf die wenigen freien Stellen bei der Kriminalpolizei und gerade ich, mit dem sie ihre Probleme gehabt hatten, wurde dorthin versetzt.

Mir dagegen hatte man keinen größeren Gefallen tun können! Ich kam zur Kriminalpolizei und dort zu arbeiten, war schon immer mein Wunsch gewesen.

***

Die Ausbildung zum Kriminalbeamten dauerte ein Jahr und war für alle Polizisten in Bayern standardisiert. Als Praktikant durchlief ich, bis auf den Staatsschutz, alle Kommissariate. *Rollieren* nannte man das und während des *Rollierjahres* wurde ich in grundlegende Tätigkeiten bei der Kripo eingewiesen und ausgebildet. Von meinen Kollegen lernte ich, Beweismittel an Tatorten zu sichern und auszuwerten. In bestimmten Fällen arbeiteten wir zudem mit dem Landes- (LKA) oder Bundeskriminalamt (BKA) zusammen.

Wann immer es um Raub, Erpressung, Mord und andere Kapitaldelikte ging, übernahm die Kripo die Ermittlungen. Auch die Fahndung nach Straftätern und die Suche nach vermissten Personen und der Personenschutz gehörten zu deren Aufgaben.

Während des Praktikums wurden mir auch einige Fälle übertragen, die ich selbstständig bearbeiten und möglichst lösen sollte.

Einer der Schwerpunkte unserer Arbeit war das Regensburger Rotlichtmilieu. Mitte der siebziger Jahre wurde der Straßenstrich in der Thundorfer Straße verboten und die Prostituierten wichen in außenliegende Bereiche, zum Beispiel in die Straßen um das Krankenhaus St. Josef, und in weiter östlich liegende Teile der Stadt aus. Unter den Zuhältern gab es Machtkämpfe, die in einem Zuhälterkrieg mit vollendetem Tötungsdelikt im Bereich der Donaulände gipfelte.

Vor ganz neue Aufgaben stellte die Ermittler damals die sich schnell ausbreitende Rauschgiftkriminalität. Schon bald wurde mir klar, dass hier meine Interessen lagen. Mein Ziel war es, zum Kommissariat Rauschgiftkriminalität (K14) versetzt zu werden. Heute wird von Betäubungsmittelkriminalität (BtM-Kriminalität) geredet.

Die klassischen Drogenarten Heroin, Kokain und Cannabis spielten zu Anfang der 80er Jahre eine erhebliche Rolle. Dazu kamen die synthetischen Drogen wie Amphetamin / Methamphetamin (Crystal Meth) und Ecstasy. Die Herstellung von Drogen nahm in Deutschland und im Ausland zu. Die meisten Drogen wurden aus den Niederlanden nach Deutschland geschmuggelt.

Die Fälle, mit denen ich bei meinem Praktikum zu tun hatte, sind mir so gut in Erinnerung geblieben, dass ich mich noch heute an viele Einzelheiten erinnern kann.

Mein erstes Praktikum absolvierte ich beim K32 (Fahndung, Observation, Personenschutz) und die Diebstahlserie, mit der ich es zu tun bekam, kannte ich bisher hauptsächlich aus Zeitungsüberschriften:
Einbrecherbande räumt Pfarrhäuser leer

Schon seit einiger Zeit häuften sich im Bereich Niederbayern und Oberpfalz die Einbrüche in Pfarrhäuser. Brennpunkte waren der Landkreis Straubing, Stadt und Landkreis Regensburg und auch die Stadt Weiden.

Die Einbrüche geschahen immer dann, wenn die Pfarrer außer Haus waren, zum Beispiel auf Beerdigungen, oder Messen hielten. Gelegentlich klingelten die Diebe auch und, wenn ihnen nicht geöffnet wurde, wussten sie, niemand hielt sich im Pfarrhaus auf. Beim Einbruch richteten sie nur geringe Schäden an Fenstern oder Türen an und auch in den Häusern selbst waren die Einbruchsschäden zu vernachlässigen. Die Täter hatten es ausschließlich auf sakrale Gegenstände abgesehen. Sonstige Wertgegenstände oder Tresore interessierten sie in der Regel nicht.

Die Bande, wir gingen davon aus, dass es sich um eine Bande und nicht um einen Einzeltäter handelte, schlug in der Regel die Fensterscheiben im Erdgeschoss ein, entriegelte die Fenster und die Diebe stiegen dort ein. Sie durchsuchten die Räume und stahlen Kunstwerke: Statuen von Heiligen, antike geschnitzte Kreuze, wertvolle Bilder, weiter alte Folianten und liturgische Gewänder. Auch Kirchen wurden aufgebrochen und wertvolle Kunstgegenstände daraus entwendet.

Für diese Art von Kunst gab (und gibt es) eine große Gruppe von Käufern, denen es egal war, dass sie diese Objekte illegal erwarben. Auch ging die Ermittlungsgruppe der Kripo davon aus, dass es sich in einigen Fällen um Auftragsdiebstähle handelte.

Im Lauf der Ermittlungen erhärtete sich der Verdacht gegen eine amtsbekannte „Zigeunerfamilie", die in der Nähe von Straubing wohnte. Der Begriff „Zigeuner" wurde damals noch verwendet, heute ersetzt man ihn im deutschen Sprachgebrauch durch „Roma" oder „Sinti", obwohl die in Rumänien und Bulgarien ansässigen Mitglieder dieser Bevölkerungsgruppen sich selbst als „Zigeuner" bezeichnen.

Der Leiter des Kommissariats beschloss, die Mitglieder dieser Familie observieren zu lassen. Aus dem Fuhrpark des Polizeipräsidiums erhielten wir eine größere Anzahl von Fahrzeugen, die jeweils mit zwei Beamten besetzt wurden. Ausgerüstet waren wir mit Funkgeräten, Ferngläsern und einigen Kameras.

Die Zigeuner-Familie wohnte damals, zusammen mit anderen Großfamilien, in heruntergekommenen Wohnblocks am Rand von Straubing. Bedingt durch die Lage war es gar nicht einfach, die Observationsteams so zu positionieren, dass sie zum einen nicht bemerkt wurden und zum anderen einen guten Überblick darüber hatten, welches Fahrzeug das Grundstück verließ oder in dieses hineinfuhr.

Schon nach zwei Tagen hatten die Kollegen den Verdacht, dass die Mitglieder der Familie die Observationsteams entdeckt hatten. Am Nachmittag trafen sich alle beteiligten Kollegen im größten Büro des Kommissariats zu einer Einsatzbesprechung. Der Chef des Kommissariats, ein Hauptkommissar, hörte sich an, was die Beamten vermuteten.

„Wenn das Oberhaupt der Familie oder einer seiner Söhne an uns vorbeifahren, schaut man demonstrativ zu uns hinüber", berichtete ein Kollege.

Andere erzählten, dass der vermutete Kopf der Band, das Oberhaupt der Familie, mit seinem Mercedes betont langsam und planlos für eine Stunde durch die Gegend fuhr, bevor er wieder nach Hause zurückkehrte.

Eine Kollegin war sich sicher: „Das macht er bewusst, um zu sehen, welches Fahrzeug ihm folgt. Wir haben uns weit zurückfallen lassen und uns mit dem zweiten Team abgewechselt, aber er hat uns bestimmt identifiziert."

Der Hauptkommissar überlegte. „Wir machen weiter. Seid vorsichtig und brecht gegebenenfalls ab, wenn ihr euch identifiziert fühlt", entschied er.

Am Nachmittag war ich zusammen mit Thea, der Kollegin, die sich sicher war, enttarnt worden zu sein, zur Observation eingeteilt. Ich steuerte einen dunkelgrünen VW-Passat Kombi, der bereits mehrfach im Rahmen dieser Observation eingesetzt worden war.

„Wir sollten die Nummernschilder wechseln", sagte Thea.

„Wollte ich auch gerade vorschlagen", antwortete ich ihr.

Unser Weg führte uns über Wiesent und Wörth nach Saulburg. Dort bog ich in Richtung Straubing ab. In dem bewaldeten Gebiet stoppte ich in einem Waldweg. Jedes Observationsfahrzeug besaß mindestens zwei, manchmal auch drei reguläre Zulassungen. Die passenden Kfz-Kennzeichen befanden sich in einer Segeltuchtasche im Kofferraum.

Ich entschied mich für Kennzeichen mit Landshuter Zulassung und wir wechselten sie gegen die Schilder mit Regensburger Kennzeichen aus. Ich kann mich nicht mehr daran erinnern, ob wir sie anschrauben mussten oder ob es eine Art Halterung gab, bei der man nicht schrauben musste, aber so schnell wie heute ging das damals nicht.

Was wir nicht bemerkten: Ein Pilzsucher beobachtete uns beim Wechsel der Nummernschilder. Der fuhr mit seinem Moped zur nächsten Ortschaft und alarmierte von dort aus die Polizei in Straubing.

Während wir weiterfuhren, hörten wir im Polizeifunk, dass nach einem dunkelgrünen Passat Kombi gesucht würde, in dem ein Mann und eine Frau saßen. Sie wären dabei beobachtet worden, wie sie die Nummernschilder am Auto wechselten. Zwei Streifenwagenbesatzungen meldeten, dass sie in Richtung Saulburg unterwegs wären.

Das war toll! Die grünen Kollegen waren unterwegs, um uns zu verhaften. Die hatten aus Gründen der Geheimhaltung keine Ahnung davon, dass die vermutete Einbrecherbande observiert wurde. Den Polizeifunk durften wir nicht benutzen, denn die Verbrecher besaßen die Technik, ihn abzuhören. Entsprechend ausgerüstete Funkgeräte mitzuführen und zu benutzen war zwar verboten, aber sie gab es ganz legal zu kaufen.

So blieb uns nichts anderes übrig, als in der nächsten Ortschaft anzuhalten und von einer der gelben Telefonzellen aus, die standen damals noch an fast jeder Ecke, die Kollegen in Straubing anzurufen und sie zu bitten, die Fahndung nach uns abzublasen.

Kaum waren wir an dem vorgesehenen Observationspunkt angelangt und hatten den Motor abgestellt, sagte Thea: „Da ist der Mercedes!" Sie deutete nach vorne und schaute durch das Fernglas zu der Grundstücksausfahrt hinüber. „Der Boss sitzt alleine im Wagen. Er biegt in unsere Richtung ab."

Thea ließ das Fernglas sinken.

Ich schnappte mir die bereitliegende Landkarte und falteten sie auseinander, während sich meine Kollegin zu mir hinüberbeugte. Wir taten so, als suchten wir auf der Karte nach dem Weg. Aus den Augenwinkeln beobachteten wir, wie der Wagen an uns vorbeirollte.

„Er hat nicht zu uns hinübergeschaut", stellte Thea fest. „Vielleicht hat er uns nicht bemerkt. Warten wir ab, bis er hinter der Kurve verschwunden ist, dann folgen wir ihm."

Der Mercedes rollte gemächlich in Richtung Kirchroth, fuhr nie schneller als 80 km/h. Nach ein paar Kilometern bog er, ohne den Blinker zu setzen, rechts ab. In der nächsten Ortschaft gab es einen Zebrastreifen, an dem er anhielt, ohne dass jemand dort die Straße überquerte. Der Fahrer schaute ausführlich nach rechts und links und fuhr plötzlich los, wobei er in der Ortschaft auf 70 km/h beschleunigte.

„Der verarscht uns!" Meiner Beifahrerin passte die ganze Situation überhaupt nicht.

Ich war mir nicht ganz sicher, denn ich besaß zu der Zeit nur wenig Erfahrung in der Observation und neigte dazu, meiner Kollegin Recht zu geben.

Am Ende der Ortschaft bog der Boss nach links in Richtung B20 ab. Die Straße schlängelte sich durch Felder und an kleinen Gebüschgruppen vorbei und war zu dem Zeitpunkt wenig befahren.

Plötzlich bremste der Mann seinen Mercedes abrupt ab, sprang aus seinem Fahrzeug und stellte sich an den Straßenrand.

„Fahr vorbei", sagte Thea noch.

Während wir näherkamen, zog der Mann blank im wahrsten Sinne des Wortes. Er ließ seine Hosen fallen, bückte sich und ließ uns sein nacktes Hinterteil sehen.

Das war eindeutig! „Leckt mich doch am A...", bedeutete das.

Ich meldete den Vorfall über Funk und steuerte den Wagen zurück nach Regensburg.

Noch am gleichen Nachmittag wurden alle Teams zu einer Einsatzbesprechung ins Präsidium gerufen. Wir schilderten unser „Erlebnis". Zuerst gab es ein allgemeines Gelächter, dann wurden die Mienen ernster. Unsere Versuche, die Bande auf frischer Tat zu ertappen, waren kläglich gescheitert.

„Wir observieren trotzdem weiter!", entschied unser Chef. „Irgendwann machen die einen Fehler."

„Wir machen **nicht** weiter!", unterbrach ihn der dienstälteste Kollege. „Das alles kostet eine Menge Geld, wir häufen Überstunden an, alle Autos und ihre Kennzeichen werden enttarnt und in der ganzen Szene bekannt. Aus und vorbei!"

Alle nickten zustimmend und ich hielt die Luft an.

Polizisten duzen sich untereinander und kein Leiter eines Kommissariats ließ sich mit „Herr Hauptkommissar" anreden (nur bei den Beamten des höheren Dienstes wartete man, bis die einem das *Du* anboten). Aber trotz des an sich lockeren Umgangstons war der Hauptkommissar unser Chef und normalerweise wurde erwartet, dass wir seine Anordnungen ausführten. Sein „Du machst das ..." war genauso bindend wie ein „Sie machen das ...".

Dass sich jetzt alle weigerten, den Anordnungen eines Kommissariatleiters Folge zu leisten, hatte ich noch nicht erlebt. Wir verübten eine „Befehlsverweigerung". Was würde der Chef jetzt machen? Der überlegte, versuchte sichtlich ruhig zu bleiben.

„Ihr habt recht", meinte er nach einer Weile. „Dann bleibt uns nur eine Lösung. Das MEK muss um Amtshilfe ersucht werden."

Der Dienststellenleiter des K21 (Einbruch) forderte Spezialisten des MEK (Mobiles Einsatzkommando) aus Nürnberg an und die positionierten heimlich eine Wanze am Mercedes des Bandenchefs. Jetzt hieß es für uns: warten!

Die Mitglieder des Clans waren sich schließlich sicher, dass sie nicht mehr observiert wurden und einige Tage später verließen der Mercedes und ein VW-Bus an einem Freitagnachmittag das Grundstück und bewegten sich zügig nach Südenwesten, also in Richtung Landshut. Damals war die Technik noch nicht so ausgereift wie heute und von GPS konnte man nur träumen. Der Peilsender sandte ein Signal aus, das als grüner Punkt auf einem kleinen Monitor zu sehen war. Es ließen sich nur eine grobe Richtung und eine ungefähre Entfernung ablesen, aber diese Informationen reichten, um herauszufinden, dass sich der Wagen einer kleinen niederbayerischen Ortschaft näherte. Ein Anruf in Regensburg erbrachte die Information, dass in dieser Ortschaft an dem Freitag zwei Beerdigungen stattfanden. Der Pfarrer befand sich also auf dem Friedhof, der am Ortsrand lag.

Die drei Teams erwischten insgesamt vier Männer in den zwei Autos, als die gerade ein Fenster eingeschlagen hatten und die ersten Kunstschätze in den VW-Bus verladen wollten. Sie waren völlig verblüfft, als plötzlich die Polizei auftauchte, und ließen sich widerstandslos festnehmen.

Ich war bei dieser Aktion nicht dabei, sondern erhielt den Auftrag, den Durchsuchungsbeschluss abzuholen und mich schnellstens nach Straubing zu dem Haus aufzumachen, in dem die Großfamilie wohnte. Bei der Durchsuchung der Wohnung und anderer Räume in dem Haus fanden wir eine größere Anzahl wertvoller sakraler Kunstschätze, die nach der Verurteilung der Diebe ihren Besitzern zurückgegeben werden konnten. Nicht wenige der als gestohlen gemeldeten wertvollen Figuren und Bilder waren verschwunden und blieben, bis auf einzelne Ausnahmen, nicht auffindbar. Die Bande hatte sie mit hoher Wahrscheinlichkeit auf dem illegalen Markt für religiöse Kunst verkauft.

Die Diebe erhielten Haftstrafen zwischen sechs und acht Jahren und konnten hinter Gittern über ihre Taten nachdenken. Ob sie nach ihrer Entlassung erneut straffällig wurden, entzieht sich meiner Kenntnis.

***

Kriminalbeamte haben es in der Regel mit Morden, Drogen, Sexualdelikten und anderen Verbrechen zu tun. Angenehme oder lustige Fälle kommen selten vor. Anders als die uniformierten Kollegen halfen wir keinen alten Damen über die Straße, schlichteten kaum erfolgreich Streit oder brachten verlorengegangene Senioren wieder unversehrt nach Hause.

Doch gab es bei der Kripo eine ziemlich lustige Situation, in der ich die Hauptperson war. Kurz nach der Verhaftung der Diebesbande wurde ich zum Chef gerufen. Unser Kommissariat musste einen Freiwillen für einen einmaligen Einsatz als Personenschützer stellen. Als Inhaber von mittlerweile zwei schwarzen Gürteln in Kampfsportarten schien ich dem Chef der richtige Mann für den Einsatz zu sein.

Der damalige bayerische Wirtschaftsminister besuchte eine Gemeinde im südlichen Landkreis Regensburg und nur ein Personenschützer war an dem Tag verfügbar. Obwohl es als unwahrscheinlich erschien, dass jemand dem Minister etwas Böses antun wollte, waren mindestens zwei Bodyguards vorgeschrieben.

Ständig eingesetzte Personenschützer erhielten eine gesonderte Ausbildung. Aber, so dachte man, mit einem Profi und mit mir als „Aushilfe" würde schon alles gutgehen.

Es gab da allerdings ein kleines Problem: Personenschützer trugen immer dunkle, gedeckte Anzüge, in der Regel schwarz oder anthrazitfarben. Die kauften sie sich selbst und erhielten dann das Geld vom Staat erstattet.

Ich hatte keine Zeit mehr, mir einen neuen Anzug zu kaufen, und zog an dem Tag den einzigen Anzug an, den ich besaß. Bei der Veranstaltung, der Minister hielt natürlich eine Rede vor den örtlichen Honoratioren und der lokalen Parteiprominenz, saß ich links von ihm, hielt den Rücken gerade, meine Hände lagen auf den Oberschenkeln und ich trug eine dunkle Sonnenbrille. Ich kann nicht verhehlen, wegen mir gab es anfangs eine gewisse Unruhe im Saal, man flüsterte und schaute mich verstohlen an. Ich saß in meinem eierschalenfarbenen Hochzeitsanzug neben dem Ehrengast der Gemeinde und wirkte mit meinen langen Haaren und dem auffallenden Anzug gar nicht so wie der typische Personenschützer.

Dem Minister hat das nichts ausgemacht und er bedankte sich hinterher bei mir für meine Arbeit. Am nächsten Tag erschien ein Bericht von der Veranstaltung in der überregionalen Zeitung und auf einem Bild war ich deutlich zu erkennen. Alle waren dunkel gekleidet oder trugen Trachtenanzüge, während ich wie ein Kanarienvogel unter lauter Spatzen wirkte.

Auf der Dienststelle musste ich später gutmütigen Spott über mich ergehen lassen. Aber der war zu ertragen.

Kurz darauf durfte ich an mehreren Fahrsicherheitstrainings teilnehmen, die auf dem Flugplatz der Heeresflieger in Mitterhartshausen stattfanden.

Wir übten schnelle Richtungswechsel bei hoher Geschwindigkeit, richtiges Bremsen in Kurven und bei nassen Straßen. Für diese Übungen wurden Teile der Landebahn berieselt und zentimeterhoch mit Wasser bedeckt.

Ich empfand das Training als sehr lehrreich und konnte später im Dienst mehrfach die Kenntnisse anwenden, die ich mir bei diesem Lehrgang angeeignet hatte.

***

Von einem V-Mann erhielten wir die Information, in einem Kaufhaus in Straubing solle ein Geldtransporter überfallen werden. Natürlich erhoffte sich der Informant eine hohe Belohnung, denn hier ging es um eine Summe im Bereich von einer Million DM.

Die Bedingungen für einen Überfall waren ideal. Der Fahrer des Geldtransporters parkte den gepanzerten Wagen immer direkt vor der Tür des Fahrstuhls. Der Beifahrer stieg durch die seitliche Tür im Kastenaufbau aus, nicht durch die Beifahrertür und fuhr im Fahrstuhl hoch zur Hauptkasse. Dort kamen die Tageseinnahmen in eine Transportbox, der Beifahrer musste unterschreiben, fuhr wieder runter in die Tiefgarage, stieg in den Wagen und los ging die Fahrt zum nächsten Kunden.

In dieser Tiefgarage verstieß der Beifahrer regelmäßig gegen eine elementare Sicherheitsbestimmung. Er verschloss die seitliche Tür nicht vollständig, sondern ließ nur einen Sicherungsriegel einrasten. Man konnte sie so nicht direkt öffnen, aber wenn man wusste, wie es ging, war es ganz einfach. Der Beifahrer führte einen flachen Gegenstand in den Spalt zwischen Tür und Karosserie ein und drückte den Riegel nach unter. Und schon ging die Tür auf. Normalerweise hätte der Fahrer sich aus seinem Sitz erheben müssen, um nach einer Überprüfung der Umgebung des Wagens seinem Kollegen die Tür von innen zu öffnen.

Die Räuber wollten die fünf Minuten nutzen, die der Beifahrer benötigte, um das Geld aus der Hauptkasse zu holen. Sobald er in den Fahrstuhl stieg und sich die Tür hinter ihm schloss, konnten sie mit dem ihnen bekannten Trick die Tür des Wagens öffnen, den Fahrer mit einer Waffe in Schach halten, ihn mit Handschellen fesseln, mit Tape knebeln, sich die Transportboxen schnappen und in einem gestohlenen Fahrzeug verschwinden.

Ein perfekter Plan, den uns der V-Mann detailliert beschrieb. Sogar die Namen der beiden Männer, die den Raubüberfall durchführen wollten, nannte er uns. Sie waren keine Unbekannten für die Polizei. Die Männer stammten aus dem Straubinger Drogenmilieu.

Wir wurden zu einer Besprechung einbestellt und der Chef des Kommissariats informierte uns über den geplanten Raubüberfall.

„Da müssen der Fahrer oder der Beifahrer die Typen mit wichtigen Informationen versorgt haben", bemerkte Kollege F. sofort, als der Chef uns alle bekannten Informationen schriftlich vorgelegt hatte. „Wie sollen die beiden Räuber sonst darauf kommen, dass man den Wagen von außen öffnen kann?"

Kollege F. blätterte in seinen Unterlagen und stutzte. „Der Beifahrer hat einen Halbbruder. Der ist kein Unbekannter für uns ... Bingo!"

Unser Chef lächelte. „Richtig. Unser Informant hat uns den Namen des Halbbruders genannt. Wir werden beobachten, wie die Räuber in den Geldtransporter steigen und wenn sie rauskommen, tragen sie Handschellen."

In den nächsten zwei Stunden besprachen wir die Einzelheiten. Die Teams wurden zusammengestellt und die Aufgaben verteilt.

An dem Tag, es war kurz nach Mittag am ersten Samstag im Monat, ging es in dem Kaufhaus zu wie in einem Bienenschwarm. Die Leute hatten Geld bekommen und wollten es ausgeben. Der Verkehr in der Tiefgarage war entsprechend hoch und fast alle Parkplätze waren besetzt. Die einen hatten genug damit zu tun, ihre Wochenendeinkäufe in die Autos zu verstauen, die anderen suchten nach einem freien Parkplatz. Die Räuber brauchten nicht zu befürchten, in der allgemeinen Betriebsamkeit aufzufallen.

Eins unserer Observationsfahrzeuge, ein Audi mit verdunkelten Scheiben, stand direkt gegenüber dem Fahrstuhl und die beiden Kollegen hatten einen guten Überblick über den Bereich, in dem der Geldtransporter immer parkte. Ein zweites Fahrzeug, auch mit zwei Beamten besetzt, wartete in der Nähe der Ausfahrt auf den Einsatzbefehl, um bei Bedarf diese blockieren zu können. Der Chef teilte sich selbst und mich als Zugriffsteam ein. Wir sollten oben an der Hauptkasse warten, bis wir die Nachricht erhielten, dass der Geldbote den Fahrstuhl betreten hatte und auf dem Weg nach oben war. Wenn er aus dem Fahrstuhl trat, wollten wir runterfahren und unten die beiden

Geldräuber überwältigen, wobei uns die Kollegen aus dem Überwachungswagen zu Hilfe eilen würden.

Das Funkgerät knackte. „Er kommt hoch", meldete der Kollege aus dem Audi.

Wir warteten schon neben der Fahrstuhltür und betraten den Fahrstuhl, als der Geldbote ausstieg. Mit uns stiegen noch zwei Männer ein, deren Gesichter uns bekannt vorkamen. Es dauerte einen Moment, bis der Fahrstuhl ruckelnd nach unten fuhr und in diesem Augenblick fielen bei uns die Groschen: Es waren die Geldräuber. Wir standen mit den Geldräubern zusammen im Fahrstuhl! Und die hatten hoffentlich keine Ahnung, wer wir waren!

„Das passt", dachte ich mir. „Die steigen aus, gehen sofort zum Geldtransporter hinüber, öffnen die Tür und verschwinden im Innenraum des Fahrzeugs. Niemand wird auf die beiden achten, und bevor der Fahrer einen Notruf absetzen kann, haben sie ihn schon überwältigt. Aber dann sind wir da und verhaften sie."

Ich schielte zu meinem Chef hinüber und glaubte meinen Augen nicht zu trauen. Er war schneeweiß im Gesicht und seine Hände zitterten. Er war doch ein Profi und musste mit solch einer Situation umgehen können! Ich war völlig ruhig und ging davon aus, dass es eine einfache Sache werden würde und der Chef er schien völlig überfordert zu sein.

Eine Glocke ertönte, der Fahrstuhl war in der Tiefgarage angelangt. Was dann passierte, damit hatten wir nicht gerechnet. Direkt vor dem Geldtransporter blieben die Verbrecher stehen und starrten nach rechts, hinüber zum Ausgang. Um nicht aufzufallen, liefen wir an ihnen vorbei. Vor uns hob gerade eine Frau ihr Baby in den Kinderwagen, den sie aus dem Kofferraum ihres Kombis genommen hatte.

Vorsichtig drehte ich mich nach den Räubern um. Die standen immer noch an der gleichen Stelle und flüsterten miteinander. Sollten sie uns identifiziert haben?

Das hatten sie nicht. Mit einem Mal gingen sie zielstrebig los, bestiegen einen silberfarbenen Ford Sierra und rollten langsam aus der Parklücke.

Ich beobachtete das Auto aus den Augenwinkeln. Uns beachteten sie gar nicht. Aber die beiden redeten lebhaft miteinander.

Der Chef schlug mir auf die Schulter. „Komm, wir schnappen uns die beiden!"

Ich hielt ihn am Jackett zurück. „Warum?", fragte ich. „Die haben nichts gemacht, sich nur umgeschaut. Denen können wir nur den Diebstahl eines PKW anhängen. Lohnt sich das?"

Während der Wagen mit den verhinderten Geldräubern aus der Tiefgarage ins Freie rollte, atmete der Chef mehrmals tief durch. Seine Hände zitterten immer noch.

Ein paar Tage später meldete sich der V-Mann erneut bei seinem Kontaktbeamten im Kommissariat.

„Die sind nervös geworden wegen einer Frau mit Kinderwagen. Sie hatten Angst, bei ihrer Flucht die Frau und ihr Baby zu verletzen", erklärte er. „Aber am kommenden Samstag wollen sie das Ding endlich durchziehen."

Wieder parkten Einsatzfahrzeuge in der Tiefgarage, aber nicht die gleichen wie beim ersten Einsatz. Wir wollten absolut sicher gehen, dass die Verbrecher keinen Verdacht schöpften. Auch wurden die Teams neu zusammengestellt. Ich saß mit einer Kollegin in dem Wagen, der notfalls die Ausfahrt blockieren sollte.

Fast auf die Minute genau wie vor zwei Wochen rollte der gepanzerte Geldtransporter in die Tiefgarage, folgte den Richtungspfeilen und hielt auf dem gewohnten Platz an. Die Fläche war mit einem Halteverbot gekennzeichnet und schraffiert.

„Es geht los", kam die Meldung über Funk.

Die Kollegin und ich konnten erkennen, wie der Beifahrer mit seiner großen Transportbox vor der Fahrstuhltür wartete. Die Tür öffnete sich, der Beifahrer stieg ein und die Tür schloss sich wieder.

„Aufpassen, die Gesuchten kommen jetzt runter. Zugriffsteam bereithalten!" Das war der Chef.

„Hoffentlich lässt er sie erst in den Geldtransporter einsteigen", sagte ich zu der Kollegin. „Sonst haben wir wenig gegen sie in der Hand."

Die schaute mich an, weil sie nicht verstand, was ich damit meinte. Ich befürchtete nämlich, der Chef würde wieder nervös sein und zu früh den Zugriff anordnen. Genau das, was ich befürchtet hatte, passierte. Wir beobachteten, wie sich die Fahrstuhltür wieder öffnete und unser Einsatzteam zuerst den Fahrstuhl verließ. Die beiden Gesuchten folgten ihnen auf dem Fuß und gingen zielstrebig auf den Geldtransporter zu.

„Zugriff!", kam der Befehl über Funk.

In weniger als zehn Sekunden überwältigten die Einsatzteams die Verbrecher, die gerade dabei waren, die Verriegelung der Seitentür mit einem flachen Eisen zu entsperren. Hätte unser Chef noch dreißig Sekunden gewartet, bis die in den Wagen eingedrungen waren und den Fahrer bedrohten …

So wurde aus dem *schweren Raub* nur ein *versuchter schwerer Raub*, der mit fünf Jahren Freiheitsstrafe geahndet wurde.

Gelohnt hätte sich der Überfall an dem Tag. Im Wagen befanden sich zum Zeitpunkt der Verhaftung rund drei Millionen DM. Es ist unverständlich, dass bei dieser hohen Summe die Besatzung des Geldtransporters so fahrlässig handelte. Die Sicherheitsbestimmungen sahen eindeutig vor, die Türen immer zu verriegeln und dass der Fahrer dem Beifahrer erst nach einer genauen Überprüfung der Umgebung die Tür von innen öffnen durfte.

Der V-Mann erhielt eine hohe Belohnung. Von wem er die Informationen erhalten hatte, entzieht sich meiner Kenntnis. Nach meiner Meinung musste er irgendwie mit der Sache zu tun gehabt haben, da seine Angaben äußerst präzise waren. Wir gingen von einem Verwandten der Halbbrüder aus. Von Seiten der Polizei wurden V-Männer immer geschützt und sie mussten nicht vor Gericht aussagen. Auch verheimlichte man der Presse, dass bei der Klärung des versuchten Raubs die Informationen von einem V-Mann gekommen waren.

***

Kurz vor Ende meines Praktikums im K32 konnte ich einen Doppelmörder verhaften, dem es vor einiger Zeit gelungen war, aus dem Bezirkskrankenhaus Regensburg (im Volksmund *Karthaus* genannt) zu entkommen.

Das Bezirkskrankenhaus, heute Bezirksklinikum, befindet sich auf dem Gelände des ehemaligen säkularisierten Klosters Kartause St. Vitus im Regensburger Stadtteil Karthaus-Prüll. Vor 1900 war es eine *Kreisirrenanstalt*. In den frühen 1900er Jahren wurde die Anstalt nach den damals neuesten wissenschaftlichen Kenntnissen reformiert. Man begann, psychisch Kranke auch zu behandeln und nicht nur wegzusperren. Während der NS-Herrschaft wurden mindestens eintausendsechshundert Patienten der Anstalt Karthaus-Prüll entweder direkt in der Anstalt oder nach der Verlegung in die NS-Tötungsanstalt Hartheim ermordet oder starben durch unterlassene Hilfeleistung, Krankheiten und an Mangelernährung.

Ab 1965 fanden weitreichende Reformen statt und die Anstalt entwickelte sich zu einem modernen Bezirkskrankenhaus, in dem psychische Erkrankungen behandelt wurden. Ab 1982 baute man eine forensische Abteilung auf, in der psychisch kranke Straftäter untergebracht und therapiert wurden. Bis 2007 entwickelte sich die forensische Abteilung zur zweitgrößten Klinik am Bezirksklinikum.

Während des Aufbaus der forensischen Abteilung waren die Sicherheitsmaßnahmen noch nicht auf dem Stand, auf dem sie sich heute befinden. Trotz der vergitterten Fenster, der klinkenlosen, stets verschlossenen Türen und des besonders geschulten Personals geschah es immer wieder, dass einsitzende Straftäter eine Lücke in den Sicherheitsmaßnahmen nutzten und verschwanden.

Der Doppelmörder, er hatte seine Nichte und die Tochter einer Nachbarin vergewaltigt und brutal ermordet, war nach mehreren Gutachten als besonders gefährlich eingestuft worden und das Gericht hatte ihn zu einer langjährigen Sicherheitsverwahrung in der Forensik verurteilt. Dort nutzte der Mann eine kurzzeitige Unachtsamkeit des Personals, kletterte durch ein ungeschütztes Fenster (wahrscheinlich im Verwaltungsbereich) und spazierte in die Freiheit.

Die Aufregung war groß in Regensburg, zumal die Presse über den Ausbruch des Doppelmörders in Artikeln mit großen, fetten Überschriften berichtete. Man druckte sofort Fahndungsplakate, die in Polizeidienststellen, allen Ämtern, der Post, in Banken und Einkaufszentren neben den Fahndungsplakaten von Angehörigen der RAF hingen. Auch im Bayerischen Fernsehen wurde ein Bericht über den Mörder gebracht und sein Bild gezeigt. Eine Zeitlang war er der meistgesuchte Verbrecher in Bayern.

Die Polizisten machten Sonderschichten. Der Gesuchte war gebürtiger Regensburger und besaß vielfältige Kontakte in der Domstadt. Man sprach mit Freunden, Verwandten und suchte die Kneipen ab, in denen der Mörder früher verkehrt hatte. Nichts! Er war wie vom Erdboden verschluckt.

Es dauerte mehr als vier Wochen, bis ein Kollege von einem Informanten den Hinweis erhielt, wo sich der Gesuchte aufhält: in einem Einfamilienhaus, das in einem kleinen Weiler im westlichen Landkreis von Regensburg stand. In dem Haus wohnte eine alleinstehende Frau, die dem Mörder dort schon seit Wochen Unterschlupf bot.

Wir schüttelten unsere Köpfe. Eine Frau nahm einen gesuchten Doppelmörder bei sich auf. Sie musste sicherlich wissen, um wen es sich handelte, denn die Presse und die Radionachrichten berichteten immer noch über die Fahndung und wiesen wiederholt auf die Gefährlichkeit des Mannes hin.

Nach den erhaltenen Informationen war er schwer bewaffnet und wir mussten mit erheblichem Widerstand rechnen. Auch befürchtete man, dass die Frau sich in Lebensgefahr befände, wenn wir in das Haus eindrangen. Die Verhaftung sollte schnell durch eine größere Anzahl von Kollegen erfolgen. Mich teilte man dem Zugriffsteam zu.

Mehrere Polizeifahrzeuge stoppten vor dem Haus und Kollegen sicherten alle vier Seiten und vor allem den Hinterausgang, eine Treppe, die in den Keller hinunterführte.

Wir klingelten und die Frau öffnete uns, tat sehr verwundert, als wir ihr den Durchsuchungsbeschluss präsentierten.

Ich zeigte ihr das Bild des Gesuchten. „Kennen Sie den Mann?"

Kopfschütteln. „Nein."

„Und der befindet sich nicht in Ihrem Haus?"

Die Frau verneinte vehement. Nein, sie kenne den Mann gar nicht. Natürlich habe sie von der Fahndung gehört, aber das interessiere sie nicht. Und warum sollte sie den Mörder bei sich aufnehmen?

Wir durchsuchten das ganze Haus, fanden aber nirgendwo einen Hinweis, dass sich der Mörder hier aufhielt. In der Küche, auf der Spüle, fanden wir benutztes Geschirr und Besteck für eine Person. Nur ein Bett war bezogen, Männerkleidung war nicht zu finden. In der Speisekammer stand ein Kasten Bier, der halb voll war, aber die Frau erklärte, sie tränke zum Abendessen immer ein Bier, dann könne sie besser schlafen.

Hatten wir eine falsche Information erhalten?

Während einige Kollegen zurück nach Regensburg fuhren, beschlossen der Hauptkommissar und ich, das Haus noch einmal gründlich nach Verstecken zu durchsuchen. Zwei weitere Polizisten warteten oben im Flur und konnten uns bei Bedarf zu Hilfe kommen.

Jetzt fiel uns auf, der Heizungsraum war verschlossen.

„Wo ist der Schlüssel?", fragte ich die Frau.

Die zuckte mit den Schultern. „Der Raum ist schon seit Jahren verschlossen. Ich hab keinen Schlüssel. Als mir mein Mann davongelaufen ist, hat er ihn mitgenommen."

Das kam uns sehr merkwürdig vor.

„Und wenn die Heizung gewartet werden muss?", wollte der Hauptkommissar wissen.

„Die brauche ich nicht. Heize nur mit Holz. Öl ist zu teuer."

Tatsächlich gab es einen zentralen Kachelofen in dem kleinen Haus und im Bad konnte man das Wasser durch einen mit Holz beheizten Ofen erwärmen. Und hinter dem Haus lagerte eine Menge Holz.

„Gib mir deine Lampe", bat ich den Einsatzleiter.

Ich schaltete die Lampe ein und leuchtete in das Schlüsselloch. Innen schien ein Schlüssel zu stecken. Jemand musste sich in dem Heizungsraum aufhalten und ihn von innen verschlossen haben.

Mein Kollege und ich wechselten einen Blick und er deutete mit seinem Kopf auf die Frau, die hinter uns stand, und plötzlich sehr erschrocken wirkte.

Ich drängte sie die Kellertreppe hoch in den Flur, übergab sie in die Obhut eines Kollegen und bat den zweiten, mit runter in den Keller zu kommen.

Unten zogen wir unsere Waffen. Den ersten Gedanken, das Türschloss durch einen Schuss zu zerstören, verwarf ich wieder. Das Geschoss konnte einen Öltank treffen, Öl lief aus und …

Zu unserem Glück ging die Tür nach innen auf und entsprach von der Bauart her nicht den Feuerschutztüren, die heute bei Heizungsräumen vorgeschrieben sind.

Ich trat einmal in Griffhöhe fest gegen die Tür. Es krachte, der Riegel brach aus dem Rahmen und die Tür schwang nach innen auf. Der Hauptkommissar drückte auf den Lichtschalter, der sich innen neben dem Türrahmen befand, und eine funzelige Birne leuchtete auf. Wir zielten mit unseren Waffen in den Raum, waren bereit, sofort zu schießen, falls der Gesuchte eine Waffe in der Hand tragen sollte.

Auf den ersten Blick schien zu stimmen, was die Frau gesagt hatte. Die Heizung war ausgeschaltet, die Rohre des Wasserspeichers fühlten sich kalt an und der Heizöltank, der hinter einer brusthohen Mauer quer im Raum stand, schien nur wenig Öl zu enthalten. Es roch muffig und nach Heizöl in dem Raum. Von dem Gesuchten war auf den ersten Blick nichts zu sehen

Aber wie kam der Schlüssel von innen in das Schloss?

Ich quetschte mich an dem Warmwasserspeicher vorbei, stieg auf die Mauer, hinter der der Heizöltank stand, und schaute hinter dem Tank. Unten lag eine dunkle Gestalt zwischen der unteren Tankrundung und der Außenmauer des Gebäudes.

„Hier ist die Polizei. Kommen Sie raus!", befahl ich. „Wenn Sie eine Waffe in der Hand haben, schießen wir auf Sie. Rauskommen und heben Sie Ihre Hände hoch!"

Schnell zog ich mich zur Tür zurück und jetzt zielten die Waffen von drei Beamten auf eine Gestalt, die sich hinter der Mauer erhob, an dem Wasserspeicher vorbeischlängelte und nun mit erhobenen Händen vor uns stand.

„Ich habe keine Waffe", stotterte er. „Ich mag überhaupt keine Waffen. Bitte nicht schießen!"

Der gefährliche Doppelmörder war ein kleiner, zierlicher Typ. Er wirkte ängstlich und schien vom Aussehen her gar nicht in der Lage zu sein, einer Fliege etwas zuleide zu tun. Er ließ sich widerstandslos festnehmen und zurück nach Regensburg transportieren. Woran ich mich noch deutlich erinnere, ist der penetrante Geruch nach Heizöl, den seine Kleidung verströmte.

Warum die Frau den Mann bei sich fast vier Wochen im Haus versteckte, entzieht sich meiner Kenntnis. Vielleicht war sie eine Verwandte oder sie war froh darüber, einen Mann im Haus zu haben, nachdem sich ihr Ehemann abgesetzt hatte.

Mit Sicherheit wurde sie angeklagt. Was mit ihr passierte, darüber habe ich nie etwas erfahren.

Die Geschichte hatte noch ein Nachspiel.

Drei oder vier Jahre später, ich arbeitete längst als verdeckter Ermittler im K14, fuhr ich auf der Universitätsstraße in Richtung Süden. Auf Höhe der Ludwig-Thoma-Straße bemerkte ich einen Mann, der mir bekannt vorkam. Ich bremste ab und dann fiel mir ein, wer er war. Es war der Doppelmörder, den ich vor Jahren in dem Heizungskeller aufgestöbert und verhaftet hatte.

Rechts befand sich eine Bushaltestelle. Ich stoppte dort und stieg aus meinem Wagen, ging zu dem Mann hinüber, der langsam über den Bürgersteig schlenderte. Als er mich bemerkte, erkannte er mich sofort.

„Ach Sie sind das!", grinste er und streckte mir seine Rechte hin. „Wie geht es Ihnen so?"

„Soweit alles klar", antwortete ich. „Und was machen Sie hier? Sind Sie wieder getürmt?"

„Nein", lachte er. „Ich habe Ausgang. Ich bin therapiert und habe zweimal im Monat drei Stunden Freigang. Bald werde ich entlassen. Aber ...", er flüsterte jetzt verschwörerisch, „ ganz ehrlich. Wenn ich abhauen wollte, wäre das kein Problem. Ich weiß genau, wie man da rauskommt, ohne dass die es merken."

Ich war fassungslos. Der meinte das ernst.

„Setzen Sie sich bitte dorthin." Ich zeigte auf die Sitzbank im Bushäuschen.

„Kein Problem." Der Mann nahm Platz.

Ich war mehr als misstrauisch und rief die Einsatzzentrale an. Das, was der verurteilte Doppelmörder erzählte, konnte doch nicht wahr sein!

Ein Rückruf der Einsatzzentrale ergab wenige Minuten später, dass alles seine Richtigkeit hatte. Der Mann genoss an dem Tag tatsächlich seinen dreistündigen Freigang und war bisher immer brav zurückgekehrt. Bald würde ein Gericht über die Freilassung entscheiden.

Diese Informationen musste ich erst einmal verdauen. Als „normaler" Mörder hätte er eine lebenslange Freiheitsstrafe erhalten, die in Deutschland mindestens fünfzehn Jahre dauerte und in Bayern im Durchschnitt über zwanzig Jahre betrug, ehe man überhaupt über eine Freilassung nachdachte. Und dieser psychisch kranke Doppelmörder durfte nach deutlich weniger als zehn Jahren im Universitätsviertel spazieren gehen.

Da musste ich mich bemühen, das Vertrauen in unseren Rechtsstaat nicht zu verlieren.

Was aus dem Mann geworden ist, weiß ich nicht. Ich hoffe nur, man hat ihn tatsächlich erfolgreich therapieren können. Oder noch besser, man hat ihn hinter Gittern behalten.

***

Kurz nach der Verhaftung des Doppelmörders rollierte ich weiter zum K13, zur „Sitte". Dieses Kommissariat war zuständig für Sexualdelikte, Prostitution, Zuhälterei und auch für illegales Glücksspiel. Die Anzahl der Beamten war übersichtlich und der Anteil der Kriminalbeamtinnen war im Durchschnitt höher als in den anderen Kommissariaten.

Eine erfahrene Kollegin ermittelte in einem Fall von Kindesmissbrauch, konnte ihn aber nicht abschließen, weil der Verdächtige ein wasserfestes Alibi besaß.

Es war am zweiten oder dritten Tag meines Praktikums bei der „Sitte", als mir der Chef morgens einen Akt auf den Tisch warf und meinte: „Sieh zu, dass du den Täter findest!"

Er wirkte übellaunisch an dem Tag, wahrscheinlich weil ihn die Presse und die Herren im Präsidium unter Druck setzten. Zuerst schien es, als wäre der Fall schnell gelöst und jetzt hatte der einzige Verdächtige ein wasserfestes Alibi. Peinlich!

Ich nahm mir die Akte vor.

Auf der Toilette eines Kindergartens in Regensburg hatte sich ein Sexualtäter an zwei kleinen Jungen vergangen. Die Tat geschah kurz vor Mittag, wohl zu dem Zeitpunkt, als die ersten Eltern ihre Kinder abholten. Geschickt hatte der Täter abgewartet, bis mehrere Mütter gleichzeitig an der Tür des Kindergartens klingelten. Eine der Mitarbeiterinnen öffnete die Tür und der Mann war, freundlich grüßend, mit den Frauen in den Kindergarten gelangt. Die Frauen nahmen an, er würde sein Kind abholen und die Kindergärtnerin ging davon aus, dass er der Mann oder der Begleiter einer der Frauen sei.

Unbemerkt verschwand der Fremde in der Jungentoilette und passte dort zwei Vierjährige ab. Er schüchterte die Kinder mit „Ich tue euch ganz viel weh, wenn ihr etwas erzählt!" ein und missbrauchte sie. Sie mussten sexuelle Handlungen an ihm vornehmen, während er an ihnen herumspielte. Die Jungen waren so verängstigt, dass sie weder um Hilfe riefen, noch wagten, sich den Anordnungen des „bösen Mannes" zu widersetzen.

Der Täter wurde beim Verlassen der Toilette von der Leiterin des Kindergartens, einer Ordensfrau, gesehen, die sich in dem Moment nicht viele Gedanken über den Fremden machte, weil sie die Kinder beaufsichtigte, die abgeholt wurden, und ihnen half, sich anzuziehen und die Schnürsenkel zuzubinden.

Nach der Rückkehr in die Spielgruppe blieben die Jungen merkwürdig still und es dauerte eine Zeit, bis die Kindergärtnerin (heute „Erzieherin") bemerkte, dass etwas mit ihren Schützlingen nicht stimmte.

„Was ist denn mit euch", wollte sie wissen. „Habt ihr euch gestritten?"

Die beiden antworteten nicht. Einer der Jungen reagierte nicht auf die Fragen, der andere fing an zu weinen. Jetzt ahnte die Gruppenleiterin, etwas Schlimmes musste vorgefallen sein und sie bat die Leiterin des Kindergartens um Hilfe. Bis die Frauen herausbekamen, was passiert war, war über eine Stunde vergangen und der Täter hatte lange den Kindergarten verlassen.

Im Beisein der Eltern und einer Psychologin wurden die missbrauchten Jungen von einer besonders geschulten Kollegin vorsichtig vernommen. Viel wussten die Kinder nicht zu berichten. Der Mann sei „groß" und „sehr böse" gewesen und sie hätten „Angst, dass er noch einmal kommt".

Die Mitarbeiterin, die die Tür geöffnet hatte, konnte keine brauchbare Beschreibung abgeben („… jung, jünger als ich, so Mitte zwanzig") und die Ordensfrau beschrieb ihn vage als „Franz-Beckenbauer-

Typ". Fingerabdrücke wurden nicht gefunden, auch Spermaspuren schien der Täter beseitigt oder nicht hinterlassen zu haben. Die ersten Ergebnisse der Ermittlungen waren mager.

Doch die in dem Fall ermittelnde Kollegin hatte eine Ahnung, wer der Täter gewesen sein könnte, und machte sich mit einem Kollegen auf zu dessen Wohnort in einer Stadt in der nördlichen Oberpfalz.

Sie trafen den Verdächtigen zuhause an und befragten ihn. Der Mann, der bereits als Schüler einen Jungen der 1. Klasse missbraucht hatte, gab unumwunden zu, an dem Tag in Regensburg gewesen zu sein. Aber, so betonte er: „Ich war zur Musterung beim KWEA (Kreiswehrersatzamt) in Regensburg in der Roten-Hahnen-Gasse. Die können das bestätigen." Gleichzeitig zeigte er die Kopie des Musterungsbescheids vor.

„Ich werde Ihr Alibi sofort überprüfen", antwortete ihm die Kollegin und rief in Regensburg an.

Die Angaben waren eindeutig. Herr … war an dem Tag gemustert worden. Er wäre mit dem Zug an- und abgereist, die Musterung habe um 08.00 Uhr begonnen und sei um 17.00 Uhr beendet worden. Die PK (Personenkennziffer) sei …

Das Geburtsdatum und der entsprechende Teil der PK stimmten überein, Namen und Adresse waren korrekt, das Alibi somit wasserdicht. Die beiden Ermittler mussten unverrichteter Dinge zurück nach Regensburg fahren.

Alle weiteren Ermittlungen verliefen im Sand und neue Sexualdelikte erforderten die Aufmerksamkeit der Beamten des Kommissariats.

Den ganzen Vorgang las ich mir mehrfach durch und betrachtete das Bild des Überprüften. Er war vierundzwanzig, besaß lockige, kragenlange, dunkle Haare (wie Franz Beckenbauer in jungen Jahren) und sah auf dem beigefügten Bild harmlos und freundlich aus. Eine erneute Vernehmung der Kinder kam nicht infrage, auch die Kindergärtnerinnen waren wiederholt befragt worden. Ich war ratlos und ärgerte mich über den Chef, der mir missgelaunt den Akt auf den Schreibtisch geknallt hatte. Frei nach dem Motto: Wenn du schon da bist, kannst du auch ein wenig zaubern.

Während ich am Schreibtisch saß, erinnerte ich mich an meine Einstellungsprüfung bei der Polizei. Man absolvierte einen von mehreren Tests, danach hieß es warten. Mittags, während einer einstündigen Pause, gab es Essen in der Kantine und …

Ich sprang auf und ging hinüber zum Büro des Hauptkommissars. „Chef. Ich muss mit den Leuten vom KWEA reden. Kann ich den Wagen nehmen?"

„Genehmigt!", antwortete er, ohne von seinen Unterlagen aufzuschauen.

In der Roten-Hahnen-Gasse führte man mich in das Büro des Leiters, einem Oberamtsrat (soweit ich mich erinnere) der Bundeswehrverwaltung. Der hörte sich die Geschichte an und rief dann zwei seiner Mitarbeiter ins Büro. Sie legten mir die Protokolle der Musterung vor, versehen mit exakten Zeitangaben, und das Ergebnis war eindeutig. Der Arzt hatte den Mann von 10.50 bis 11.00 Uhr untersucht. Mittagspause war von 11.30 bis 12.30 Uhr gewesen, danach war die Musterung weiter durchgeführt worden, an der der Mann ohne Unterbrechung teilgenommen hatte. Aber in der Zeit von 11.00 Uhr bis 12.30 Uhr hatte der Verdächtige ohne Probleme das KWEA verlassen können. Und genau in dieser Zeit waren die Jungen missbraucht worden.

Ich bedankte mich bei den Beamten der Bundeswehr und fuhr zurück in die Dienststelle.

Der Chef blickte auf, als ich ihm das Ergebnis meiner Ermittlungen mitteilte.

„Gut gemacht!", lobte er mich. „Was machst du jetzt", wollte er wissen.

Er testete aus, wie ich als Ermittler arbeitete. Aber das war sein gutes Recht.

„Ich nehme mir ein paar Bilder mit und lege sie den Kindergärtnerinnen vor."

„Genehmigt!"

Aus unserer Kartei wählte ich vier weitere Bilder von Männern aus, die im Alter und im Aussehen zu dem Angeklagten passten.

Eine halbe Stunde später klingelte ich an der Tür des Kindergartens. Es war die Gruppenleiterin der beiden missbrauchten Jungen, die mir öffnete.

„Kennen Sie einen der Männer?", fragte ich sie und legte ihr die fünf Bilder vor.

Sie war sich nicht ganz sicher. „Ich glaube, der kann es gewesen sein … oder der hier." Sie zeigte auf zwei Bilder. Das Bild des Angeklagten war darunter. Aber die Frau war sich nicht absolut sicher.

„Können Sie bitte die Leiterin holen?", bat ich sie.

„Einen Moment bitte. Ich hole sie sofort."

Sie führte mich in ein Büro, bat mich Platz zu nehmen und kehrte nach einer Minute mit der Ordensfrau zurück.

Ich legte die fünf Bilder auf den Tisch.

Die Leiterin zögerte keine Sekunde und deutete auf das Bild des Verdächtigen. „Das war der Mann, der hier aus der Toilette kam. Ganz sicher. Er schaut doch wie der Beckenbauer aus. Oder nicht?"

Ich weiß nicht, was Franz Beckenbauer zu dem Vergleich gesagt hätte, aber mir reichte diese Aussage.

Ich dankte den Kindergärtnerinnen, fuhr zurück zur Dienststelle und erstattete dem Chef Bericht.

„Ich besorge einen Haftbefehl", sagte er. „Die Aussage der Ordensfrau wird dem Richter ausreichen."

Und ich fragte mich verwundert, warum man nicht schon früher den Kindergärtnerinnen das Foto gezeigt hatte.

Ganz früh am nächsten Morgen fuhr ich mit der erfahrenen Kollegin, der die Sache ziemlich peinlich war, in die Heimatstadt des Verdächtigen. Wir klingelten ihn um 06.00 Uhr aus dem Bett und präsentierten ihm den Haftbefehl.

„Ich habe nichts getan! Das ist Unsinn, was ihr mir vorwerft!"

Der Mann war sichtlich sauer und protestierte heftig gegen seine Verhaftung, was uns aber in keiner Weise interessierte.

Auf der Fahrt nach Regensburg blieb er still und ließ kein einziges Wort verlauten. Im Präsidium verstauten wir ihn erst einmal in eine unserer Zellen und ließen ihn dort schmoren.

Bei der Vernehmung packten wir ihn hart an (natürlich ohne Gesetze zu verletzen). Angesichts der erdrückenden Beweislage brach er nach zwei Stunden zusammen und legte ein umfassendes Geständnis ab. Später gestand er noch weitere Missbrauchsfälle und machte reinen Tisch. Ein dezenter Hinweis unsererseits, was mit Kinderschändern im Gefängnis passiert, förderte seine Aussagefreudigkeit. Er hoffte wohl, dass wir den anderen Gefangenen nichts von seinen Straftaten erzählen würden. Wir ließen ihn in dem Glauben. Unser Einfluss auf die Informationen, die im Gefängnis die Runde machten, war nämlich mehr als begrenzt.

Der Mann wurde als Wiederholungstäter zu vier Jahren Haft und anschließender Sicherungsverwahrung verurteilt. Ein Gutachter hatte beim Prozess darauf hingewiesen, dass sich der Mann nach seiner Freilassung mit hoher Wahrscheinlichkeit wieder an kleinen Jungen vergehen würde.

***

Das K13 ermittelte auch bei illegalen Glücksspielen.

Die Zuständigkeit für Glücksspiele und Wetten liegt bei den Bundesländern. Diese haben zur Regulierung des Glücksspielmarkts einen Glücksspielstaatsvertrag abgeschlossen, in dem Lotto, Lotterien, Sportwetten, Spielbanken sowie die Aufstellung von Geldspielgeräten in Spielhallen geregelt sind. Private Glücksspiele in der Wohnung, zum Beispiel ein Pokerspiel unter Bekannten, können weder überprüft noch sanktioniert werden und interessieren auch die Polizei nicht. Erst wenn Glücksspiele gewerblich oder bandenmäßig ausgeführt werden, drohen hohe Geldstrafen oder auch Gefängnis. Oft wurden Teilnehmer an illegalen Glücksspielen auch abgezockt, indem die Betreiber gezinkte Karten und Würfel einsetzten oder Automaten und Roulettetische manipulierten.

Von einem V-Mann erhielt ein Kollege die Information, in Straubing würde ein illegales Spielcasino betrieben. Wir bekamen genaue Angaben, wo sich das Spielcasino befand, wie man hineingelangte und welche Glücksspiele dort angeboten wurden.

Für den Zugriff wurde ein Freitagabend vorgesehen; freitags sollten immer die meisten Spieler anwesend sein.

Die erste Idee, eine der erfahrenen Beamtinnen des Kommissariats undercover in das Spielcasino zu schicken, wurde schnell wieder verworfen. Die Regensburger Kripo war damals auch in der Rotlichtszene in Straubing im Einsatz und es bestand die Gefahr, dass jemand diese Kollegin erkannte.

Eine junge Kommissarsanwärterin, nennen wir sie Susanne, die ihr Hauptpraktikum in Regensburg absolvierte, erklärte sich bereit, eine Vorobservierung durchzuführen. Das bedeutete, sie wurde verkabelt und mit einem Sender versehen in das illegale Casino geschickt. Nach einer gewissen Zeit der Beobachtung sollte sie das Zeichen für den Zugriff geben. Der Einsatzleiter, ein Oberkommissar, er war der stellvertretende Leiter K13, hielt den Einsatz der Kollegin für wenig gefährlich. Susanne trug den Sender am Körper und wir konnten mithören, was passierte und gesprochen wurde. Bei ihrer Enttarnung konnten wir ihr innerhalb von weniger als einer Minute zu Hilfe eilen.

Als wir die Straubinger Inspektion betraten, waren die Kollegen dort mehr als verwundert. Keiner von uns sah wie ein „richtiger" Polizist aus. Die Herren trugen durch die Bank lange Haare, farblich ausgefallene Jeans, Sportschuhe oder (wie ich) Cowboystiefel und Jeans- oder Lederjacken.

Ich war der erste Polizist in Regensburg, der einen Ohrring trug, und besonders den betrachtete man mit misstrauischer Neugier. Susanne wirkte auch nicht wie eine Polizistin. Sie war mittelgroß, schlank, sehr hübsch und fiel durch ihre langen, lockigen Haare auf. Ihre Stöckelschuhe (High Heels nennt man die heute wohl) passten farblich genau zu der interessanten rötlichen Farbe ihrer Lockenpracht.

Die Verkabelung der Kommissarsanwärterin erfolgte durch Straubinger und Regensburger Kolleginnen; alle Kabel wurden auf der Haut mit Pflaster gesichert. Anschließend zog Susanne weite Sachen an, die die Verkabelung des Oberkörpers verdeckten. Der Sender steckte hinten im Hosenbund und die Antenne wurde auf den Rücken geklebt.

Anschließend geleiteten uns zwei uniformierte Kollegen zu einem Geschäft, dessen Hintereingang schräg gegenüber dem Zugang zum Spielcasino lag. Der Geschäftsinhaber war, soweit notwendig, in die

Polizeiaktion eingeweiht worden und hatte seinen Laden eine Stunde früher als üblich geschlossen.

So vorbereitet schritt Susanne hinüber zu dem Lokal, durch das man hindurchgehen musste, um in das illegale Spielkasino zu gelangen. Nach fünfzehn, maximal zwanzig Minuten sollte sie das Stichwort für den Zugriff geben.

Die elende Warterei begann und die Minuten verliefen zäh wie Sirup. Der Einsatzleiter lauschte, zusehends nervöser werdend, den Geräuschen, die der Sender übertrug: Schritte, ein Rumpeln, Türen wurden geöffnet und geschlossen, Stimmengewirr. Plötzlich hörten wir ein Knacken und der Sender stellte seine Arbeit ein. Nur noch ein Rauschen kam aus dem Lautsprecher.

Und dann sagte ein Straubinger Kollege etwas, was uns das Herz in die Hose rutschen ließ: „Hoffentlich erkennt niemand die Susanne!"

Der Einsatzleiter fuhr herum: „Wieso soll die hier jemand kennen?"

„Ja, die spielt doch ... (er nannte einen bekannten Straubinger Verein, dessen Damenmannschaft damals in der Bundesliga spielte) ... und vor Kurzem waren noch Bilder von den Spielerinnen in der Zeitung gewesen. Und wer sie kennt, weiß auch, dass sie bei der Polizei ist."

„Warum hast du das nicht vorher gesagt?", fuhr ihn der Oberkommissar an.

Der Kollege zuckte mit den Schultern. „Ich habe eben erst erfahren, was da vor sich geht, und sowieso hat mich keiner nach meiner Meinung gefragt."

Sprachloses Entsetzen. Der Einsatzleiter war blass wie eine Wand geworden. Niemand sagte ein Wort.

Ich schaute auf meine Uhr: dreiundzwanzig Minuten waren vergangen. Der Zugriff hätte bereits durchgeführt werden müssen.

„Ich gehe!", sagte ich in einem Ton, der einen Widerspruch ausschloss. „Jetzt sofort! Haltet euch bereit und rennt los, wenn ihr *Zugriff!* hört."

Meine Pistole steckte unter dem linken Arm im Schulterholster und das Funkgerät kam in die rechte Jackentasche. Die Lederjacke war betont weit geschnitten und verbarg die Waffe perfekt.

Der Zugang zu dem illegalen Casino erfolgte durch ein Lokal, halb Café, halb Bar, in dem vor allem die Straubinger Drogenszene verkehrte. Mich kannte man dort noch nicht und so durchquerte ich mit einem knappen „Servus!" den Raum. Niemand kümmerte sich um mich, nur der Typ hinter der Theke streifte mich mit einem gelangweilten Blick. Ich passte vom Aussehen her in die Szene. Das reichte zur Legitimation.

An der Hinterseite des Lokals gab es eine Tür. Ich öffnete sie und stand vor einem Aufzug. Ein Druck auf den Knopf und der Aufzug kam rumpelnd runtergefahren. Das war also das Rumpeln gewesen, das wir über Lautsprecher gehört hatten.

Oben, im dritten Stock, landete ich in einem kleinen Flur. Es gab nur eine Tür, hinter der das illegale Spielcasino liegen sollte.

Weder ein Aufpasser noch ein Klingelknopf waren zu sehen und so drückte ich die Klinke herunter. Die Tür öffnete sich und ich stand in einem größeren Raum. Man hatte in einem Apartment die Zwischenräume herausgebrochen und so ausreichend Platz für zwei Roulettetische, mehrere Tische, an denen gepokert wurde, einige Spielautomaten und eine kleine Bar geschaffen. Hinter der Bar stand eine junge, südländisch aussehende Frau, die interessiert eine Gruppe von Leuten beobachtete, die eine Person vor der Bartheke eingekreist hatte.

Mein Blick flog von links nach rechts, von vorne nach hinten. An mehreren Spieltischen saßen je drei oder vier Leute, die teilweise dicke Stapel von Geldscheinen vor sich liegen hatten. Vom Aussehen her waren die Spieler Ausländer, ich hielt sie für Griechen oder Türken.

Dann blickte ich noch einmal zu der Bar hinüber. Zwischen den vier Männern erkannte ich rote Locken. Die hatten Susanne in der Mangel.

Ich zog meine Pistole und schrie: „Polizei! Sie sind verhaftet! Hände auf den Tisch, keiner steht auf oder bewegt sich!"

Die Köpfe flogen herum und verblüffte Gesichter sahen mich an. Einige versuchten noch, ihr Geld in die Tasche zu stecken, aber ein Wink mit der Waffe genügte und die Hände lagen wieder sichtbar auf dem Tisch.

Mit der anderen Hand zog ich das Funkgerät aus der Tasche, drückte den Sendeknopf und rief: „Zugriff! Sofort!"

Zu meinem Erstaunen ließen alle ihre Hände brav auf den Tischen liegen und rührten sich nicht. Dann schwenkte ich meine Waffe hinüber zu den Leuten an der Bar und befahl: „Susanne, her zu mir! Und ihr setzt euch auf den Boden. Runter!"

Die Vier gehorchten brav.

Susanne eilte zu mir hinüber und sagte: „Ich halte den Kollegen die Tür auf."

Noch heute bin ich erstaunt darüber, wie folgsam die Männer in dem Spielcasino waren. Ich war alleine und hielt mit einer Pistole rund zwanzig Leute in Schach, die Straftaten verübten. Keiner meckerte, niemand versuchte zu fliehen, alle blieben artig sitzen. Und die anwesenden Jungs waren bestimmt nicht von der Heilsarmee oder zählten zu den immer gesetzestreuen Bürgern.

Es dauerte weniger als eine halbe Minute, bis ich hinter mir den Aufzug abbremsen hörte. Dann stürmten die Kollegen in den Raum. Die Anwesenden mussten sich an der Wand aufreihen, wurden abgetastet und später zur Polizeiinspektion gebracht, wo man ihre Personalien feststellte, sie erkennungsdienstlich behandelte und vernahm.

Das vorgefundene Geld wurde beschlagnahmt und später durch das Land Bayern eingezogen; es waren über 100.000 DM.

Der Einsatzleiter war sichtlich froh darüber, dass der Einsatz ohne Probleme verlaufen war. Susanne erhielt eine Belobigung für ihren mutigen Einsatz. Sie hatte gar nicht bemerkt, dass ihr Sender durch einen Installationsfehler ausgefallen war.

Jemand hatte sie in der Tat erkannt und laut gerufen: „Die ist eine Polizistin!"

In der Meinung, wir würden alles mithören, hatte sie sich über die gefährliche Situation keine Sorgen gemacht und mit einem sofortigen Einsatz gerechnet. Als ich alleine auftauchte und alle verhaftete (man kann nur mehrere Leute erfolgreich verhaften, die sich auch verhaften lassen), war sie im Moment ein wenig verwirrt gewesen.

Aber dann waren die anderen Kollegen aufgetaucht und der Einsatz wurde erfolgreich beendet.

Der Betreiber des illegalen Spielcasinos, ein Türke, wurde verurteilt und danach in die Türkei abgeschoben.

***

Beinahe wäre meine Karriere bei der Kripo zu Ende gewesen, noch bevor sie richtig begonnen hatte.

Den letzten Tag des Jahres 1983 verbrachte ich mit meiner damaligen Freundin (meiner heutigen Frau) und zwei befreundeten Paaren in einer Bar in Hainsacker, einem kleinen Ort im Landkreis Regensburg.

Fast alle Erwachsenen des Ortes trafen sich dort zur Silvesterfeier und es ging ziemlich hoch her. Bier, Sekt und Drinks flossen in Strömen, es wurde getanzt und die Stimmung war ziemlich ausgelassen. Einige Männer hatten sich Mut angetrunken und forderten unsere Frauen immer wieder zum Tanzen auf.

Kurz vor 22.00 Uhr beschwerte sich meine Freundin bei mir, dass ihr ein Unbekannter schon zum zweiten Mal an den Busen gefasst hatte und er ziemlich aufdringlich sei. Sie zeigte auf einen Mann, der an der Bar stand und sich mit der Barfrau unterhielt.

Ich lief zu ihm hinüber, tippte ihm auf die Schulter und als er sich umdrehte, sagte ich ihm klipp und klar, er solle die Finger von meiner Freundin lassen und sie auch nicht mehr zum Tanzen auffordern.

Der Mann schaute mich von oben bis unten an und meinte: „Die soll sich nicht so anstellen. So schlimm ist das wohl nicht."

Gleichzeitig versuchte er, mich wegzuschubsen.

Ich wehrte ihn ab, es gab ein kurzes Gerangel, er stolperte, fiel und seine Stirn machte Bekanntschaft mit dem Tresen. Der Mann erhob sich, fühlte nach der Wunde, sah das Blut und wurde ganz blass. Dann lief er hinaus. Wie ich später erfuhr, brachten ihn Bekannte ins Krankenhaus und dort wurde die Wunde genäht.

Für mich war die Sache erledigt und wir feierten weiter. Um Mitternacht gingen wir nach draußen vor das Lokal, wo Knaller explodierten und Raketen in die Luft zischten.

Gegen 02.00 Uhr, ich stand gerade an der Bar und bezahlte unsere Rechnungen, erschien ein junger Mann, ging schnurstracks auf mich zu und tippte mit dem Finger auf meine Brust.

„Eh!", pöbelte er mich an. „Du hast meinen Kumpel krankenhausreif geschlagen. Du gehst jetzt raus mit mir und dort polier ich dir die Fresse."

Ich versuchte, die Sache runterzuspielen, und antwortete ruhig: „Geh du schon mal raus und lauf dich warm. Ich komme dann vielleicht in einer halben Stunde nach!"

Wortlos holte der Mann aus und schlug mir mit der Faust ins Gesicht. Ich sah den Schlag kommen, versuchte noch auszuweichen und drehte den Kopf zur Seite. Anstatt meiner Nase traf er mit der Faust mein rechtes Auge.

In diesem Moment war der Spaß für mich vorbei, zumal sich sofort ein Halbkreis von zumeist Betrunkenen um uns gebildet hatte, die den Mann anfeuerten und darauf warteten, dass ich Prügel bezog.

Einen zweiten Schlag konnte ich abwehren und dann hob ich ihn mit einem Ausheber, einer Judo-Technik, aus und drückte ihn auf den Boden. Der Mann wehrte sich, angefeuert von seinen Bekannten, nach allen Kräften und mir blieb nichts anderes übrig, als ihn in den Würgegriff zu nehmen und ihm die Luft abzudrehen.

„Hörst du jetzt auf?", fragte ich ihn.

In diesem Augenblick ging der Wirt dazwischen, schrie: „Lass ihn los!" und versuchte, mich zur Seite zu drücken.

Ich ließ den Mann los, der nun nach Atem keuchend auf dem Boden lag.

„Raus hier!", befahl der Wirt. „Ihr verschwindet sofort! Prügelt euch woanders! Und ...", so fügte er hinzu. „ihr habt Hausverbot. Für immer. Lasst euch nie wieder hier sehen. Raus!"

Ich versuchte noch, mich zu rechtfertigen, aber der Wirt ließ sich auf keine Diskussion ein und zeigte auf die Tür. Mein Gegner war einer seiner Stammgäste und der war ihm wichtiger als irgendwelche Typen aus der Stadt, die er nicht kannte.

Plötzlich schimpfte die Barfrau: „Du bist ein Bulle! Ich kenne dich. Du verprügelst einfach Leute hier. Ich werde dich anzeigen. Bei deinen Kollegen!"

Wir machten, dass wir davonkamen.

Tagelang hegte ich Befürchtungen, dass mich die Barfrau oder der Wirt wirklich anzeigten oder ich ein Schreiben von der Versicherung erhielt, dass ich die Behandlung meines ersten Gegners im Krankenhaus bezahlen sollte.

Später erzählte ich dem Kripochef von dem Vorfall. Er blickte mich an und gab mir den Rat, in ähnlichen Fällen sofort zu verschwinden und mich auf keinen Fall in eine Schlägerei verwickeln zu lassen.

„Wenn eine Anzeige gekommen wäre, hätte man dich wahrscheinlich abgelöst", erklärte er mir.

Da hatte ich wirklich Glück gehabt.

***

Die Zeit meines Praktikums verging schnell und ich lernte viel Neues. Zwei nicht alltägliche Todesfälle im März 1984 werde ich nie vergessen, weil sie mich persönlich berührten und deswegen fest in meiner Erinnerung verankert sind. In beiden Fällen handelte es sich um sogenannte

Bahnleichen, das heißt um Todesfälle, die sich auf Schienen ereigneten. In der Regel waren es Selbsttötungen.

Der erste Fall war ein Selbstmord in Laaber, zu dem meine Kollegen und ich gerufen wurden. Dort hatte sich eine Frau auf die Schienen gelegt und war vom Zug im Bereich der Hüften im wahrsten Sinne des Wortes „halbiert" worden.

„Mach dich auf was gefasst", meinte mein Kollege, der neben mir in unserem zivilen Einsatzfahrzeug saß, „das ist sicherlich wieder eine große Schweinerei."

Das hörte sich pietätlos an, aber es war typisch für den Umgang mit Todesfällen. Die für Außenstehende „zu lockere Sprache" war einfach eine Art, mit dem umzugehen, was einen als Polizist erwartete, wenn es sich um Mord oder Selbstmord handelte. Andere Kollegen wiederum sagten überhaupt nichts, fuhren stumm zum Tatort, erledigten ihre Arbeit und fuhren kommentarlos zurück in die Dienststelle, um den Papierkram zu erledigen. Nach dem Dienst gingen sie in eine Kneipe und tranken etwas, versuchten so, das Geschehen zu verarbeiten und nicht mit nach Hause zu nehmen. In der Familie, vor allem wenn man Kinder hatte, sprach man nicht über diese unschönen und belastenden Seiten unseres Berufs.

Natürlich hatte ich schon vorher Tote gesehen, in der Regel Opfer von Verkehrsunfällen oder auch Selbstmörder. Doch als ich mir anschauen musste, was ein Zug mit einem Menschen anrichtete, schlug mir das schon auf den Magen. Der Oberkörper lag verdreht zwischen den Schienen, der Unterkörper daneben auf dem Gleisbett. Blut, Fleischfetzen und Innereien waren zwischen den Schienen auf den Schwellen verteilt. Das Gesicht der Frau, und daran kann ich mich noch gut erinnern, sah friedlich aus; sie hatte ihre Augen geschlossen und schien bewusst und ohne Panik in den Tod gegangen zu sein.

Das Ende des Personenzuges stand mehrere hundert Meter entfernt und uniformierte Kollegen waren dabei, die Fahrgäste aus den Waggons zu holen und zum Bahnhof zu geleiten. Bis die Ermittlungen abgeschlossen waren, musste der Zug stehenbleiben. Unterdessen begannen die Kollegen von der Spurensicherung, den Tatort aus allen Blickwinkeln und anschließend jede Einzelheit, das heißt jedes Körperteil, mochte es noch so klein sein, zu nummerieren und zu fotografieren.

Die Identität der Frau war schon geklärt und mein Kollege registrierte, was in mir vorging. Also beauftragte er mich mit einer Arbeit, die genauso wichtig war, wie die Ermittlungen am Ort des Todes, mich aber ein wenig ablenkte von den schrecklichen Bildern.

„Du gehst zu der Frau nach Hause und befragst den Ehemann und die Verwandten."

„Danke!", antwortete ich ihm. Nicht „okay" oder „mach ich", sondern „danke". Und das habe ich damals wirklich so gemeint.

Der Ehemann der Toten war ein unsympathischer, ungepflegter Säufer. Er stank aus allen Poren nach Schnaps und schaute mich misstrauisch an, als er mir die Haustür öffnete und ich ihn fragte, ob er Herr M. sei.

„Ja. Was willst du?", war seine barsche Antwort.

Ich wies mich aus und teilte ihm mit, dass seine Frau Selbstmord begangen habe und fragte ihn, ob er den Grund dafür kenne.

Er zuckte mit den Schultern. „Hab mir schon gedacht, dass die Schlampe was vorhat. Sie hat vorhin gesagt, sie geht jetzt zur Bahn. Wird schon gewusst haben, was sie tun wollte."

Mehr bekam ich nicht aus ihm heraus. Es schien dem Mann nicht viel auszumachen, dass seine Frau tot war. Wahrscheinlich war er zu dem Zeitpunkt auch zu betrunken, um zu verstehen, was an dem Tag passiert war.

Von den Verwandten der Frau erfuhr ich, dass der Ehemann der Getöteten ein Lump und Säufer war, sie regelmäßig schlug und sie in ihrer Ehe die Hölle auf Erden erlebt hatte. Schon vor einiger Zeit hatte die Frau angekündigt, Selbstmord zu begehen und so ihren Mann „zu bestrafen". Er müsse „dann alleine zurechtkommen" und würde „schließlich völlig verwahrlosen".

Ihr grausamer Tod war die Rache gewesen. Ihr Mann sollte das Gefühl haben, an ihrem Tod schuldig zu sein und für den Rest seines Lebens mit dieser Schuld leben.

Ob der Mann wirklich Schuldgefühle entwickelte, habe ich nie erfahren.

***

Auch bei dem zweiten Fall handelte es sich um Selbstmord. An einem frühen Morgen rief man uns zu einem Einsatz nach Neumarkt. Eine männliche Person hatte sich vor den Zug geworfen und war von diesem völlig zerfetzt worden. Bestatter hatten die Leichenteile schon geborgen und in ein Leichenschauhaus überführt, so die Informationen, die mein Kollege telefonisch von der Dienststelle in Neumarkt erhalten hatte.

Ich war zu dem Zeitpunkt bei der Spurensicherung und sollte an dem Tag die Fotos schießen. Was und wie man fotografiert, wie man einen Tatort ausleuchtet und fotografisch Spuren sichert, ist eine Wissenschaft für sich. Im Praktikum erhielt man Gelegenheit, sich einen Überblick über diese spezielle Art der Spurensicherung zu verschaffen.

Wir fuhren in unserem zivilen Audi 80 auf der Autobahn in Richtung Neumarkt.

„Es sind nur noch der Kopf und Teile der vier Gliedmaßen einigermaßen erhalten geblieben", erklärte mir mein Beifahrer, ein erfahrener Beamte der Spurensicherung. „Das gibt Probleme mit der Identifizierung. Wir müssen wahrscheinlich den Kopf säubern, ihn sauber herrichten, auf ein Gestell platzieren und so fotografieren. Das Bild kommt dann in die Zeitung und wir hoffen, dass jemand den Toten kennt. So machen wir das normalerweise", fügte er nach einem Moment hinzu.

Ich musste das Gehörte erst einmal verdauen. Während ich den Wagen zügig auf der A3 in Richtung Nürnberg lenkte, stellte ich mir vor, einen menschlichen Kopf zu säubern, auf eine Halterung zu stellen und …

Nach dem schnellen „Frühstück" (zwei Tassen Kaffee und ein Apfel) protestierte mein Magen.

Ich schielte zu meinem Kollegen hinüber, der starr nach vorne schaute. Er hatte schon alles Mögliche fotografiert, auch einzelne Körperteile, aber die Sache mit dem Kopf schien auch ihm Probleme zu bereiten.

Wir erreichten das Leichenschauhaus am Friedhof in Neumarkt, vor dem ein Wagen eines Bestattungsunternehmens stand.

Eine junge Frau erwartete uns bereits und führte uns in einen gekachelten Raum, in dem ein geöffneter Zinksarg stand. Die Kälte und der typische Geruch nach Desinfektionsmitteln erzeugten bei mir ein flaues Gefühl im Magen und ließ mich trotz der dicken Jacke frösteln.

„Ich bin Frau P.", stellte sich die junge Frau vor.

Sie war die Juniorchefin eines lokalen Bestattungsunternehmens, das ihren Eltern gehörte, und der Umgang mit Toten gehörte zu ihrer täglichen Arbeit.

„Gibt es Hinweise auf die Identität des Toten?", wollte mein Kollege wissen. „Wir wurden informiert, dass ein junger Mann aus Neumarkt gestern Abend Selbstmordabsichten geäußert hat und seine Mutter ihn heute am frühen Morgen nicht in seinem Zimmer vorfand."

„Vielleicht hilft das weiter." Die junge Frau ging zu dem Zinksarg hinüber und holte etwas heraus: einen menschlichen Arm.

„Hier ist ein Tattoo", sagte sie und hielt uns den Arm vor die Nase. „Das hilft vielleicht, ihn zu identifizieren."

Das half uns sogar sehr. Damals waren Tattoos noch nicht so weit verbreitet wie heute und die Mutter des Toten hatte das Tattoo bei der Aufgabe der Vermisstenanzeige bei den Neumarkter Kollegen genau beschrieben. Nun mussten wir uns nicht mehr mit der Identifizierung des Toten beschäftigen.

„Das ging ja einigermaßen problemlos", sagte ich zu meinem Kollegen, als wir auf der Rückfahrt waren.

„Hat schon gepasst", war seine Antwort, „bloß noch der Papierkram und wir können die Sache abhaken."

Die Sache mit dem Foto eines abgetrennten menschlichen Kopfs hatte sich erledigt. Und darüber waren wir beide froh – ohne es zu artikulieren.

Beschäftig man sich mit den Umständen und den Schicksalen, die Menschen dazu bewegen, sich vor einen Zug zu werfen und sich so töten zu lassen, darf man nicht vergessen, welche Auswirkungen diese Art von Selbstmord auf den Zugführer (umgangssprachlich; korrekt wäre Triebfahrzeugführer) hat. Der sieht einen Menschen auf den Schienen stehen oder liegen, leitet sofort eine Notbremsung ein, betätigt noch ein paar Mal das Signalhorn und weiß genau, dass der Zug niemals rechtzeitig zum Stehen kommen wird. Er spürt und hört den Schlag und glaubt auch zu fühlen, dass sein Zug über etwas hinwegrollt.

Es ist der Albtraum jedes Zugführers, einen Menschen zu überfahren, dies hilflos mit ansehen zu müssen, ohne etwas dagegen tun zu können. Alle Zugführer bedürfen nach solch einem Ereignis einer ausgedehnten psychologischen Behandlung, bis sie wieder fahren können. Und manche steigen nie wieder in das Triebfahrzeug.

***

Endlich rollierte ich zum K14 (Rauschgift). Auf dieses Praktikum freute ich mich schon die ganze Zeit. Dort wollte ich später unbedingt arbeiten.

Der Leiter des Kommissariats musterte mich von oben bis unten und grinste. „Du schaust aus, als wenn du zu uns passt."

Die meisten Vorgesetzten schauten mir nicht ins Gesicht, sondern starrten immer auf meinen Ohrring. Ihnen war deutlich anzusehen, was sie dachten: „Unerhört! Ein Polizist trägt keinen Ohrring!"

Anfangs trug ich nur links einen kleinen, goldenen Knopf, später kam rechts ein zweiter Knopf hinzu. Während eines Urlaubs auf Sri Lanka kaufte ich mir einen Ohrring, in dem ein weißer Saphir eingearbeitet war, und ersetzte einen Knopf durch den auffallenden Ohrschmuck. Das gefiel, bis auf den Leiter des K14, meinen Vorgesetzten überhaupt nicht.

„Wenn Sie da jemand zu fassen bekommt, reißt er Ihnen das Ohr ab", was das häufig vorgebrachte Argument.

Ich nahm mir vor, keinem die Gelegenheit zu geben, mir ein Ohr abzureißen. Bis zum Ende meiner Dienstzeit hat das auch niemand geschafft.

Ohrringe waren zu der Zeit bei *linken Chaoten* (ein Schimpfwort) und bei *Homos* (auch ein Schimpfwort) beliebt und verbreitet. Polizisten dienten dem Staat und der schloss eine linke Gesinnung aus. Der sogenannte *Radikalenerlass* war noch nicht abgeschafft und die nachzuweisende *Verfassungstreue* Voraussetzung für eine Verbeamtung. Und auch StGB § 175 (Er stellte sexuelle Handlungen zwischen Personen männlichen Geschlechts unter Strafe.) hatte noch Bestand. Ersatzlos gestrichen wurde er erst 1994.

Ein sogenanntes *Outing* war damals unmöglich und ein Polizist durfte nicht schwul sein. Ich war verheiratet, damit entfiel der Verdacht ein *Hundertfünfundsiebziger* zu sein. Aber der Ohrring verschaffte mir den Ruf des Aufsässigen, als jemand, der sich nicht immer einordnete und seinen Mund nicht halten konnte.

Die Drogenfahnder und Beamten, die undercover arbeiteten, waren immer schon ein besonderer Schlag gewesen. Der Leiter hatte mich als brauchbar eingeordnet und so war auch seine Begrüßung gemeint. Schon vor dem Kriminalfachlehrgang wusste ich, dass er mich in sein Kommissariat holen würde.

***

Das Praktikum endete mit dem Kriminalfachlehrgang am *Fortbildungsinstitut der Bayerischen Polizei (BPFI)* in Ainring, Oberbayern. Die Ortschaft liegt direkt an der österreichischen Grenze, nicht weit von Salzburg entfernt.

Jedes Praktikum in den verschiedenen Kommissariaten hatte rund sechs bis acht Wochen gedauert, in denen ich wichtige Erfahrungen über die Arbeit der Kriminalpolizei sammeln konnte. Während des Fachlehrgangs gab es theoretische Unterrichte über das, was ich in der Praxis erlernt hatte. Dazu gehörten Themen wie die Durchführung kriminaltaktischer Maßnahmen, Aufnahme von objektiven Tatbeständen sowie die Vermittlung von Kenntnissen der Kriminaltechnik.

Heute sind bei diesen Lehrgängen die Möglichkeiten der EDV als ein Instrument der Verbrechensbekämpfung sehr wichtige Themen. Im Jahr 1984 steckte die Anwendung der EDV in den Kriminaldienststellen der Polizeipräsidien noch in den Kinderschuhen und war Zukunftsmusik für uns. Noch genauer gesagt, EDV war für den normalen Kriminalbeamten kein Thema, mit dem er sich befasste.

Im Judo feierte ich Erfolge bei den Bayerischen Polizei-Judomeisterschaften und qualifizierte mich für die Deutschen Polizei-Judomeisterschaften, die damals irgendwo in Norddeutschland stattfanden.

Im Institut fragte ich vorsichtig bei der Lehrgangsleitung nach, ob ich eine Woche Dienstbefreiung für die Vorbereitung und die Wettkämpfe erhalten könnte (das war grundsätzlich möglich und auch vorgesehen), erntete aber nur eisige Blicke und ein „Das müssen SIE wissen!"

Die Antwort war eindeutig zu interpretieren: Entweder Judo-Meisterschaften oder Kriminalfachlehrgang.

Ich entschied mich für den Lehrgang und sagte bei den Meisterschaften ab, an denen ich gerne teilgenommen hätte.

Missfallen erregte ich auch bei den Referenten, als ich erklärte, ich würde nach Ende des Lehrgangs zum K14 in Regensburg kommen. Das war zwar nicht offiziell, aber der Leiter des Kommissariats hatte mir ja mitgeteilt, er würde dafür sorgen, dass ich zu *seiner Truppe* versetzt werden würde.

Man wies mich scharf darauf hin, es stände gar nicht fest, in welchem Kommissariat ich meinen Dienst verrichten werde. Das alles würde erst später in Regensburg entschieden, **wenn** ich den Lehrgang erfolgreich abgeschlossen hätte.

Ich bestand den Kriminalfachlehrgang und wurde im Herbst 1984 endgültig zur Kriminalpolizei, Kommissariat 14, versetzt. Meine Dienstbezeichnung war nun Kriminalobermeister.

***

Die meisten Kommissariate der Kriminalpolizei befanden sich im Dienstgebäude der Polizeiinspektion I am Minoritenweg. Dort waren auch das Revier Regensburg Stadt und die Einsatzzentrale untergebracht. Die Büros des K14 lagen anfangs im Erdgeschoss, später zogen wir in einen anderen Bereich des Komplexes um, der einen gesonderten Zugang besaß.

Die Verkehrspolizei, die Inspektion Regensburg Land und die Werkstatt für die Dienstfahrzeuge hatten ihren Sitz in der Kleiberstraße und die Inspektion II (Streifendienst mit den *Schichtbeamten*) befand sich im Dienstgebäude Am Protzenweiher, die Inspektion III lag am Jakobstor. Das Polizeipräsidium mit dem Präsidenten, dem Direktor und den meisten Beamten des Höheren Dienstes residierte im sogenannten Präsidialpalais am Bismarckplatz.

Selbstständige Polizeidienststellen gab es in Wörth an der Donau und in Regenstauf. Später kam Neutraubling hinzu, nachdem die PI Regensburg Land aufgelöst worden war.

Es gab bestimmte Dienststellen, die in der Von-der-Tann-Straße untergebracht waren. Über deren Existenz und Arbeit hatte die Öffentlichkeit keine Kenntnis, auch die normalen Polizisten besaßen wenige oder keine Informationen über diese Dienststellen.

Wenn sich Beamte des LKA München oder des BKA zu Besprechungen im Polizeipräsidium aufhielten, hatten in der Regel nur die Beamten des entsprechenden Kommissariats Kenntnis davon.

Kommissariat 14, 1984 – 1986

Der Dienst bei der Kripo unterschied sich grundlegend von dem bei der uniformierten Polizei, die auch als Schutzpolizei bezeichnet wird. Die überwiegende Mehrheit der uniformierten Polizisten arbeitet im Schichtdienst. Der beginnt heute mit der Spätschicht, das heißt von 13.00 bis 20.00 Uhr. Anschließend folgte die Frühschicht von 06.00 bis 13.00 Uhr und dann steht den Beamten die Nachtschicht von 20.00 bis morgens 06.00 Uhr bevor. Nach diesen drei Tagen Dienst haben sie zweieinhalb Tage frei.

Die 10-stündigen Nachtschichten sind wirklich sehr anstrengend und oft stressig. Wenn Polizisten nach Hause kommen, sind sie todmüde und möchten eigentlich nur noch schlafen, was aber wenig sinnvoll ist. Zum einen haben viele Polizisten familiäre Verpflichtungen, zum anderen können die meisten trotz ihrer Müdigkeit nicht sofort einschlafen. Schlafprobleme und körperliche Beeinträchtigungen durch die wechselnden Arbeitszeiten sind vorprogrammiert.

Ich kannte kaum einen Kollegen, der nicht über irgendwelche gesundheitlichen Beeinträchtigungen klagte, obwohl sich der Körper nach einer gewissen Zeit scheinbar an die unregelmäßigen Arbeitszeiten gewöhnte. Mit zunehmendem Alter wurden die Belastungen größer und viele Polizisten versuchten, dann eine der wenigen Stellen mit normalen Dienstzeiten in der Verwaltung, als Schirrmeister (Verantwortlicher für die Dienstfahrzeuge) oder als Verkehrserzieher zu erhalten.

Polizisten konnten damals noch mit sechzig Jahren in Pension gehen, heute müssen sie mindestens bis dreiundsechzig arbeiten. Und es ist abzusehen, dass auch im Polizeidienst die Lebensarbeitszeit verlängert wird, ungeachtet dessen, wie anstrengend und körperlich belastend sich der Schichtdienst auf viele Beamte auswirkt.

Heute fehlt in einigen Bundesländern der Nachwuchs für den Polizeidienst, denn die nicht üppigen Bezüge im mittleren Dienst, die unumgänglichen Pflichtjahre für junge Beamte in den teuren Ballungsgebieten, die vielen Überstunden bei der Bereitschaftspolizei und letztendlich der drohende Schichtdienst schrecken viele junge Leute ab.

In Bayern ist es mit dem Nachwuchs noch gut bestellt. Nach einer Statistik von 2017 kommen auf einen freien Ausbildungsplatz für den Polizeidienst im Durchschnitt sechs Bewerber.

Die Frage ist natürlich, ob eine ausreichende Anzahl von Ausbildungsplätzen geschaffen werden, vor allem unter dem Aspekt, dass in den nächsten Jahren viele Polizisten in den Ruhestand gehen.

Bei der Kriminalpolizei gab es keinen Schichtdienst. Die Ausnahme war der Kriminaldauerdienst (KDD), der zu meiner Zeit nur in München und Nürnberg eingerichtet war. Hier hatten dreihundertfünfundsechzig Tage im Jahr, vierundzwanzig Stunden am Tag Kriminalbeamte Dienst, darunter Spezialisten für Spurensicherung, die bei schweren Straftaten und Verbrechen ausrückten und sofort die Ermittlungen aufnahmen. Heute gibt es den KDD in allen Polizeipräsidien Bayerns und natürlich auch in den anderen Bundesländern.

Prinzipiell arbeitete ich zwischen acht und neun Stunden am Tag. Soweit ich mich erinnere, betrug die Wochenarbeitszeit zweiundvierzig Stunden. Mein Büro teilte ich mir mit einem Kollegen. Franz war ein sehr erfahrener Kriminalbeamter, mit dem ich gut auskam und von dem ich viel lernte.

Wir beide liebten den *Außendienst* und empfanden die zunehmend ausufernde Büroarbeit als ein notwendiges Übel.

Unsere Büros waren wenig wohnlich eingerichtet: Schreibtische, Stühle, großer Aktenschrank, Telefon und natürlich eine Schreibmaschine. Ich versuchte, das Dienstzimmer mit persönlichen Sachen etwas wohnlicher zu gestalten und stellte die Pokale auf, die ich bei Meisterschaften gewonnen hatte, rahmte die entsprechenden Urkunden ein und hing sie auf. Außerdem besaßen wir ein kleines Radio, das immer eingeschaltet war und uns mit Nachrichten und Musik versorgte. Das war übrigens offiziell erlaubt und man musste nicht das Radio ausschalten, wenn ein Vorgesetzter in das Büro kam.

Die ersten Computer erhielt die Kriminalpolizei, soweit ich mich erinnere, Ende der achtziger Jahre oder um 1990. Die Geräte standen nicht in unseren Büros, sondern waren, ähnlich wie die Fernschreiber, zentral im Gebäude aufgestellt. Ich hatte bis zum Ende meiner Dienstzeit nichts mit Computern zu tun.

Ermittlungsergebnisse und andere Schriftsätze diktierte ich auf Band. Die Unterlagen wurden dann von den Sekretärinnen geschrieben, kamen an mich zurück und ich fügte sie den Ermittlungsakten hinzu.

Unsere Ausrüstung bestand aus der Standardpistole der Bayerischen Polizei, der Heckler & Koch P7, auch als PSP (*Polizei-Selbstlade-Pistole*) bezeichnet, Funkgerät, Handschellen, Pfefferspray, Diktiergerät und natürlich hatte man immer Schreibmaterial dabei.

Kurz nach meiner Versetzung zum K14 erhielten alle Rauschgiftfahnder als Zweitwaffe einen Revolver. Es standen mehrere Typen zur Auswahl. Ich entschied mich für eine dreizöllige, kompakte Waffe im Kaliber .38 Special. Der Revolver war sehr zuverlässig und ich erreichte mit ihm bessere Schießleistungen als mit der P7. Die geringere Energie eines .38er Geschosses gegenüber der eines 9 mm Geschosses war zu vernachlässigen, da die Waffe nicht für Schüsse über größere Entfernungen gedacht war. Sie diente zur Selbstverteidigung und auch zur Abschreckung. Einen weiteren Vorteil bot der Revolver: Er war sehr kompakt. Ich trug immer Cowboystiefel und die Waffe passte in den Schaft des rechten Stiefels. Anfangs war das unbequem, aber ich gewöhnte mich daran. Während meiner Arbeit ließ man mich mehrfach die Jacke öffnen, um nachzusehen, ob ich eine Waffe im Schulter- oder Gürtelhalfter trug. In meinen rechten Cowboystiefel hat nie jemand geschaut.

Im Dienst trugen wir private Kleidung, für die wir einen Zuschuss zum Gehalt erhielten. Grundsätzlich waren das Gehalt (Stufe A8) eines Kriminalobermeisters und eines Polizeiobermeisters bei gleicher Dienstzeit und gleichem Alter identisch. Soweit ich mich erinnere, verdiente ich damals um die 2.600 DM brutto.

Als Einsatzfahrzeuge nutzten wir zivil ausschauende Audi 80, später Audi A4 oder andere Mittelklassefahrzeuge deutscher Hersteller, die sich im Fuhrpark der Kriminalpolizei befanden. In der gleichen Woche, in der wir unsere Revolver erhielten, konnten wir uns aus einem Pool von Fahrzeugen einen Wagen aussuchen, den wir bei verdeckten Einsätzen fuhren. Ich entschied mich für einen harmlos aussehenden Peugeot 205 GTi. Der hatte einen Zweilitermotor mit einhundertfünfzig PS unter der Haube, lief damals schon über 200 km/h und zeigte, wenn es darauf ankam, auch dem vielgelobten VW Golf GTI den Auspuff. Zudem war das Fahrzeug mit verstecktem Funk- und Tonbandgerät ausgestattet, sodass ich Gespräche, die im Auto geführt wurden, unauffällig aufzeichnen konnte.

Eine meiner Lieblingsarbeiten war der Einsatz als verdeckter Ermittler bei Konzerten. Bei Auftritten bestimmter Gruppen wurde gedealt und Drogen konsumiert. Das war der Polizei natürlich bekannt. Ich ging gerne auf Rock-Konzerte und konnte so meine Arbeit mit meiner Vorliebe für diese Art von Musik verbinden. Die jungen Leute, die einen Joint rauchten, interessierten mich weniger. Ich war hinter den Großdealern her, die die Drogen kiloweise importierten, meistens aus den Niederlanden und diese an die Kleindealer verteilten. Die waren in der Regel selbst drogenabhängig und finanzierten ihre Sucht damit, die Drogen zu strecken, portionsweise zu verpacken und an die Konsumenten weiterzuverkaufen. Die Großen verdienten eine Menge Geld und hielten sich im Hintergrund. An sie heranzukommen war schwierig. So versuchte ich, Kleindealer als V-Männer zu verpflichten, um durch sie an Informationen über die Hintermänner zu gelangen. Solange V-Männer nützliche Informationen lieferten, ließ man sie weitgehend in Ruhe und der Staat bezahlte ihnen sogar Geld. Über die Höhe der Belohnung entschieden die Art des Polizeieinsatzes und auch der Wert der Sicherstellungen, zum Beispiel von Drogen oder Geld aus Raubüberfällen. War der Einsatz gefährlich und mussten Waffen oder das MEK (Mobile Einsatzkommando) eingesetzt werden, erhielt ein V-Mann eine höhere Summe als bei der Aufklärung eines einfachen Einbruchs. Zur Berechnung der Belohnung existierte eine Tabelle, die wir zurate zogen.

***

Die Verhaftung eines Drogendealers, die ich zusammen mit Franz durchführte, ist mir gut in Erinnerung geblieben. Bei dem Zugriff bewies er mir, dass man mit Vorsicht und Geduld oft sicherer zum Ziel gelangt als mit ungestümem und brachialem Vorgehen.

Peter B., ein kleiner Fisch aus der Drogenszene, kontaktierte mich und bot an, für mich als V-Mann zu arbeiten. Er hatte bisher einen Kollegen mit Informationen versorgt, aber die beiden kamen nicht miteinander aus – die Chemie stimmte einfach nicht. So gewann ich einen neuen V-Mann, worüber der Kollege, wie man sich vorstellen kann, nicht sehr erfreut war.

Einen Vorgang, den andere Ermittler bearbeiteten, brachte anfangs niemand in Zusammenhang mit Drogengeschäften. Seit einiger Zeit schoss jemand im Bereich Prüfening mit einer Waffe auf Verkehrsschilder. Niemand wusste, wer der Schütze war. Fest stand nur, die Schüsse fielen nachts und die Waffe musste das Kaliber 9 mm Para oder vergleichbar besitzen.

An einem Nachmittag, kurz vor Dienstschluss, rief mich mein neuer V-Mann an.

„Ich habe Informationen für dich", sagte er.

„Ich höre."

„Ich weiß, wer mit einem Revolver auf die Verkehrsschilder schießt."

„Ich habe davon gehört, ist aber nicht mein Sachgebiet", war meine Antwort.

Peter B. zögerte einen Moment.

„Er hat 'ne Menge Drogen und Waffen zuhause. Der ist gefährlich und schießt sofort, hat immer seine Kanone in der Tasche."

Ich winkte Franz zu, er solle mithören und schaltete das Telefon auf Lautsprecher um.

„Klingt interessant", sagte ich. „Aber ich brauche den Namen und die Adresse."

„Ich rufe in zwei Stunden wieder an", sagte der V-Mann und legte auf.

Unseren Feierabend sah ich in weite Ferne rücken.

Peter B. meldete sich nach genau zwei Stunden wieder. Wir verabredeten ein Treffen auf dem Parkplatz eines großen Supermarkts im Südosten Regensburgs. Eine Stunde später stieg mein V-Mann zu mir in den Dienstwagen, einen unauffälligen VW Passat. Franz stand schon seit einer halben Stunde in einem Audi 80 ganz in der Nähe und beobachtete, was sich tat. Ich traf mich erst zum zweiten Mal mit Peter B. und wusste natürlich nicht hundertprozentig genau, ob der nicht irgendein falsches Spiel mit mir vorhatte. Er konnte mich genauso gut an einen der großen Dealer verraten haben, der dann die Gelegenheit nutzte, mich aus dem Weg zu räumen. Zwei schnelle Schüsse durch die Scheibe an der Fahrerseite und meine Frau wäre eine Witwe.

Mein Informant schaute sich um und als er nichts Verdächtiges sah, begann er zu reden. Seine Informationen hörten sich sehr interessant an.

Als er fertig war, musste ich ihm versprechen, die Belohnung sofort zu zahlen, wenn wir den Dealer verhaftet hatten. Dann verschwand Peter B. in der Dunkelheit. Ich konnte mir gut vorstellen, wozu er so dringend das Geld benötigte: Seine Schulden bezahlen, eine kleinere Menge Drogen kaufen, einen Teil mit Mehl oder Puderzucker strecken, portionieren und weiterverkaufen, wobei er den anderen Teil für sich behielt, den er dann selbst konsumierte.

Das Leben eines Süchtigen drehte sich immer um eine Frage: Wo bekomme ich das Geld für den nächsten Schuss oder die nächste Linie her?

Es war ein beschissenes Leben, dessen war ich mir sicher.

Die Informationen, die ich jetzt erhielt, waren vielversprechend. Ich nahm das Gespräch auf Band auf und Franz hörte es sich später an. Der Dealer fuhr mit einer Freundin in deren Auto immer nach Holland und kaufte dort Stoff ein. Er wohnte in Prüfening in einem Haus, in dem sich mehrere kleine Apartments befanden. Es gab dort auch Gemeinschaftsräume, die von allen Bewohnern benutzt werden durften. Jetzt kannten wir den Namen des Dealers, seinen Wohnort und mein V-Mann hatte ihn mir genau beschrieben: Zirka 1,75 groß, muskulös, dunkle, mittellange Haare und – so betonte mein V-Mann wiederholt – er sei immer bewaffnet und brandgefährlich. Auch erfuhr ich, dass der Mann versuchte, im Bereich von Schulen älteren Schülern kostenloses Rauschgift anzubieten (*anfixen* nannte man das), um sie als Kunden zu gewinnen. Bei jungen Menschen genügten bereits ein oder zwei Schüsse Heroin und sie wurden abhängig. Ab dem Zeitpunkt gab es den Stoff nur noch gegen Bargeld.

Die jungen Leute beklauten ihre Eltern, räumten die Sparbücher der Großeltern und Geschwister leer und der nie endende Kreislauf der Beschaffungskriminalität begann sich immer schneller und erbarmungsloser zu drehen.

Franz und ich trafen uns noch kurz auf der Dienststelle, wo wir den Zugriff für den nächsten Tag planten. Mein Kollege wollte einen SEK-Einsatz beantragen, aber ich war der festen Meinung, wir würden den Dealer schon alleine überwältigen. Weitere Recherchen ergaben, dass es sich um einen 30-jährigen Nürnberger handelte, der arbeitslos gemeldet war und anscheinend kein eigenes Auto besaß. Bisher war er nur durch kleinere Delikte aufgefallen und nur einmal zu einer Bewährungsstrafe verurteilt worden.

Am nächsten Morgen erledigte ich den ungeliebten Papierkram, machte mich auf zur Staatsanwaltschaft und legte dort die notwendigen Unterlagen vor, um einen Durchsuchungsbeschluss, umgangssprachlich als Durchsuchungsbefehl bezeichnet, zu beantragen.

Anfangs winkte der Staatsanwalt ab. „Ihr mit euren Ermittlungen", so meinte er. „Erst ein großes Tamtam veranstalten und dann kommt nichts raus."

Tatsächlich waren in letzter Zeit ein paar Durchsuchungsbeschlüsse umsonst beantragt worden. Entweder waren die Adressen falsch, die Beschuldigten erwiesen sich als unschuldig, man fand nicht das, was man hoffte zu finden oder die in der Szene bekannten Rechtsanwälte hatten es geschafft, die Leute wieder rauszuholen.

Die lokale Presse liebte solche Fehlschläge der Polizei. (*Unfähige Beamte ...* war eine Überschrift gewesen) und die Justiz zeigte sich darüber mehr als verärgert.

Es gelang mir schließlich doch, den Staatsanwalt zu überzeugen. Dieser gab die Angelegenheit an einen Richter weiter, der den Durchsuchungsbeschluss ausstellte. Es dauerte nicht mehr als zwei Stunden, bis ich das Formular in den Händen hielt. Durchsuchungsbeschlüsse und Haftbefehle werden in der Regel auf rosafarbenem Papier gedruckt und darum auch „rosa Zettel" genannt.

Franz und ich machten uns auf nach Prüfening.

Mein Vorschlag war: Tür eintreten, rein mit Gebrüll, den Dealer zu Boden werfen, Handschellen anlegen, die Bude durchsuchen, alles einpacken und den Mann in der Augustenburg (Name der JVA Regensburg im Volksmund) abliefern.

„Das werden wir auf keinen Fall machen", bremste mich Franz. „Unser Kunde sitzt vielleicht mit einer Tüte Popcorn vor dem Fernseher, hat die Waffe neben sich liegen. Er schnappt sie sich und drückt fünf- oder sechsmal ab, wenn wir reinstürmen. Das war es dann für uns. Und zwei Planstellen sind freigeworden."

Ich musste mir eingestehen, er hatte recht.

Auf Anraten meines Kollegen setzten wir uns zuerst mit dem Vermieter der Apartments in Verbindung. Der bestätigte, dass der Gesuchte in seinem Haus wohne und anscheinend zuhause sei, weil laute Musik aus dem Apartment zu hören sei. Gesehen habe er den Mann schon lange nicht mehr, anscheinend verließe der nur abends oder nachts das Haus oder passe genau auf, dass niemand im Gang sei, wenn er hinausginge.

Der Vermieter erwartete uns bereits und wir schlichen auf Zehenspitzen in eine kleine Gemeinschaftsküche, die direkt neben der Wohnungstür des Dealers lag. Aus dem Apartment klang laute Musik: Heavy Metal. Wegen des Krachs waren weder Schritte noch Stimmen noch sonstige Geräusche zu vernehmen, die darauf schließen ließen, dass der Bewohner zuhause war.

„Können Sie ihn dazu bringen herauszukommen?", wollte Franz wissen.

„Ich werde es versuchen. Der hat schon seit zwei Monaten keine Miete mehr gezahlt und ich frage ihn einfach, wann er zahlen will."

Der Hausbesitzer klopfte mehrfach laut an die Tür und rief: „Hallo Herr …!", während wir uns direkt hinter der Tür an die Wand der Gemeinschaftsküche pressten. Sobald der Dealer die Tür öffnete, wollte ich losprinten und ihn überwältigen. Das war sicherlich ein guter Plan, aber er klappte nicht.

Die Musik wurde leiser gestellt – der Dealer hielt sich in seiner Wohnung auf.

„Was wollen Sie?", hörten wir ihn rufen, als der Vermieter nicht aufhörte zu klopfen. Die Tür öffnete er nicht. Der Mann war übervorsichtig.

„Wann bekomme ich meine Miete?"

„Am Wochenende. Ich melde mich."

Er stellte die Musik wieder lauter.

„Verdammt!", fluchte ich.

Der Vermieter kam zurück in die Küche und zuckte mit den Schultern.

Franz überlegte einen Moment. „Können Sie ihm den Strom abstellen?"

„Sicherlich. Im Keller gibt es einen Hauptschaltkasten."
„Tun Sie das bitte!"
Der Vermieter verschwand und zwanzig Sekunden später verstummte nebenan die laute Musik.
Ich wurde ungeduldig, wollte, dass endlich etwas passiert.
„Komm, wir stellen uns neben der Tür auf. Wenn er rauskommt, haben wir ihn", flüsterte ich und schaute um die Ecke.
Mein Kollege zog mich am Ärmel zurück. „Abwarten!", war seine Anweisung.
Wir pressten unsere Köpfe gegen die Mauer, versuchten zu hören, ob sich nebenan etwas tat.
Der Dealer ließ uns zappeln.
Fünfzehn Minuten lang passierte gar nichts. Dann vernahmen wir schabende Geräusche hinter der Wand.
„Der schaut durch den Türspion", flüsterte Franz in mein Ohr.
Es dauerte weitere fünf Minuten, bis wir endlich hörten, dass der Schlüssel im Schloss gedreht wurde.
Wieder musste mich Franz zurückziehen. Ich war damals noch zu neu im Geschäft, um verinnerlicht zu haben, dass Geduld in unserem Job mehr als eine Tugend war.
Schließlich vernahmen wir deutlich, wie die Wohnungstür nebenan geöffnet wurde. Franz klopfte mir auf die Schulter und ich schoss wie ein Blitz aus der Küche.
Der Dealer stand in der geöffneten Tür und schaute in die entgegengesetzte Richtung. Er schien, den Vermieter zu suchen.
Drei schnelle Schritte und noch ehe der Mann reagieren konnte, trat ich ihm die Beine unter dem Hinterteil weg und schon lag er auf dem Bauch. Ich kniete mich auf seinem Rücken, hielt ihm den Revolver an den Kopf und knurrte: „Polizei. Du bist verhaftet!", während Franz die Handschellen um seine Handgelenke klicken ließ.
Wir zogen den Dealer hoch, schoben ihn in die Wohnung, schlossen die Tür hinter uns und drückten ihn in einen Sessel.
Erst jetzt realisierte er langsam, was ihm gerade passiert war.

„Was wollt ihr von mir? Ich habe nichts gemacht!"
Diese lahme Ausrede kannten wir zur Genüge.

Während ich weiter mit meiner Waffe auf ihn zielte, schaute sich Franz um. Im Schlafzimmer lagen auf dem Nachttisch ein schussbereiter Revolver im Kaliber .38 Special und eine aufgezogene, gebrauchsfertige Heroinspritze. Wir hatten ihn dabei gestört, als er sich einen Schuss setzen wollte. Bei einer genaueren Durchsuchung entdeckten wir zehn Päckchen Heroin, die jeweils ein Gramm der Droge enthielten, dazu eine kleine Menge Plastiksprengstoff. Das reichte für den Vollzug des Haftbefehls und eine Einlieferung in die JVA Regensburg.

Während der Durchsuchung wurde der Dealer immer nervöser und fing an zu zittern. Er stank nach Essig, eine typische Ausdünstung, die Süchtige verströmen, wenn sie das Rauschgift ausschwitzen. Spätestens dann benötigen sie den nächsten Schuss.

Das passte. Je länger wir warteten, umso einfacher würde es sein, ihm Informationen zu entlocken.

Ich schlug ihm einen Deal vor: „Du sagst uns, wo du den Stoff kaufst und wo du ihn lagerst. Ein Arzt untersucht dich (Feststellung der *Haftfähigkeit*) und du kommst in eine unserer Zellen. Wir unterhalten uns in aller Ruhe und ich schreibe ins Vernehmungsprotokoll, dass du sehr kooperativ warst und reinen Tisch gemacht hast. Das liest der Richter gerne und wir setzen uns bei ihm für eine Strafmilderung ein."

Ich ließ meine Worte wirken. „Ich kann dich aber auch bei uns in eine Zelle stecken und wenn du voll *auf Turkey* bist, kümmert es mich nicht. Du kotzt, hast Schmerzen und frierst dir den Arsch ab. Später liefern wir dich so in der Augustenburg ab. Und der Richter verknackt dich zu mindestens zehn Jahren. Darunter geht gar nichts."

Vor dem *Turkey*, den Entzugserscheinungen, hatten die Süchtigen große Angst. Die Drohung wirkte und plötzlich wurde er kleinlaut. Da war nichts mehr übrig von dem schießwütigen Drogenhändler, der andere einschüchterte.

„Ich bin doch gerade Vater geworden", stotterte er. „Mein Sohn braucht mich."

Er zitterte erkennbar.

„Glückwunsch!", meinte Franz. „Du fährst also mit der Mutter deines Sohns immer nach Holland, um dort Stoff zu kaufen. Nette Eltern seid ihr."

Der Dealer schüttelte den Kopf. „Nein. Ich fahr mit einer Freundin nach Holland. Die beiden wissen nichts voneinander."

Seine Stimme klang weinerlich. Er war sichtlich angeschlagen.

„Mach reinen Tisch!", schlug ich vor. „Du kriegst weniger als zehn Jahre, machst eine Entziehungskur und, wenn du dich anständig beträgst, kommst du früher raus. Also, kooperierst du?"

Er senkte den Kopf. „Ich kooperiere."

Den Stoff, teilweise in Kiloportionen, kaufe er in Holland ein, so erklärte er. Meistens in Amsterdam. Man müsse genau wissen, an wen man sich wenden könne und wie man den Kontakt herstelle. Wenn man die vereinbarten Zeichen nicht kenne, käme man erst gar nicht in die Wohnungen der Dealer rein. Er habe kein Auto und die Freundin würde fahren. Sie habe ihm auch die meisten Kontakte verschafft. (Was wir ihm nicht glaubten). Der Transport sei kinderleicht, wenn man wisse, wo die Schlupflöcher an der Grenze seien.

Damals gab es noch Grenzkontrollen zwischen den europäischen Ländern und wir Rauschgiftfahnder fragten uns oft, wieso es so leicht war, Stoff über die Grenze zu schmuggeln. Was taten die Zöllner den ganzen Tag?

Die Antwort war einfach: Grenzen ohne Zäune waren kaum zu überwachen, es gab zu wenige Zöllner, zu viel Verkehr und auf einen gefassten Rauschgiftschmuggler kamen zehn oder fünfzehn, die unbehelligt nach Deutschland einreisten. Und die, die geschnappt wurden, waren zumeist Kleindealer, die Dummen oder die schlecht Informierten.

Da wir nur relativ wenig Rauschgift in der Wohnung gefunden hatten, kam von mir die entscheidende Aufforderung: „Wo sind deine Depots?"

Er starrte mich an und ich sah, wie es in ihm arbeitete.

„Ich führe euch hin", schlug er vor. „Und ihr setzt euch für mich beim Richter ein."

„Das ist der Deal", war meine Antwort.

In der Nähe des Hoppefelsen bei Matting hatte der Mann drei Erddepots angelegt. Franz schloss die Handschellen auf und ich hielt meinen Revolver in der Hand, als er anfing, Steine umzudrehen.

„Eine falsche Bewegung und du springst da runter!" Ich zeigte mit der Waffe auf den Abhang.

Die Sprache verstand er.

Nachdem er uns die drei Depots gezeigt hatte, zog ich an jeder Stelle ein Glasröhrchen aus der lockeren Erde. In ihnen befanden sich insgesamt rund einhundert Gramm reines Amphetamin, das gestreckt und entsprechend portioniert damals einen Wert von über 100.000 DM besaß.

Passenderweise trug ich an dem Tag weiße Jeans und ein helles Hemd. Es gab später ein großes Gelächter in der Dienststelle, als ich dort mit den völlig verschmutzten Sachen erschien.

Die Drogen wurden zur Untersuchung an das LKA München weitergeleitet, wo der Reinheitsgrad und der Straßenverkaufswert festgestellt wurden. Die Ergebnisse der Untersuchungen trugen wesentlich zur Bestimmung des Strafmaßes bei.

Der Dealer erhielt acht Jahre, was angesichts der Menge der Drogen (wir konnten ihm den Handel von fünfzig Kilogramm nachweisen!), des illegalen Waffenbesitzes und anderer Delikte ein geringes Strafmaß war. Seine Kooperation und unsere Fürsprache bei Gericht hatten zu diesem relativ milden Urteil geführt.

Als wir Ermittlungen über die junge Frau anstellten, in deren Wagen die Drogen über die Grenze geschmuggelt worden waren, bekamen wir erst einmal einen Schock. Sie war die Tochter eines höheren Polizeibeamten aus einem benachbarten Polizeipräsidium, der wohl ahnte, dass seine Tochter in illegale Geschäfte verstrickt war. Aber er hatte bisher nichts unternommen, stellte sich taub und blind. Irgendwie ist das auch verständlich, wenn man sich vorstellt, man müsse gegen seine eigene Tochter ermitteln und diese ins Gefängnis bringen.

Wir verzichteten darauf, einen Durchsuchungsbeschluss zu beantragen und fuhren zur Wohnung der jungen Frau.

„Bei *Gefahr im Verzug* sind Polizeibeamte berechtigt, ohne richterliche Zustimmung Durchsuchungen vorzunehmen. Wir wollten einfach vermeiden, dass sich jemand verplapperte, der Vater von unserem Vorhaben erfuhr und seine Tochter vor der Durchsuchung gewarnt wurde und damit Zeit erhielt, Beweise zu vernichten.

Franz klingelte an der Wohnungstür und die wurde sofort geöffnet. Es schien, als habe die Frau auf jemanden gewartet.

Mit einem „Polizei. Machen Sie uns keine Probleme!", begrüßten wir die Frau, schoben sie ins Wohnzimmer und schlossen sofort die Wohnungstür hinter uns. Die Nachbarn sollten nicht unbedingt mitbekommen, was gerade ablief.

Es war eine kleine, überraschend saubere und nett eingerichtete Wohnung. Der jungen Frau war deutlich anzusehen, dass sie stark drogenabhängig war: Blasse Haut, Ringe unter den Augen und ihre Arme waren völlig zerstochen.

„Mein Vater ist Polizist. Er ist Ihr Chef!", behauptete sie.

Das stimmte nicht. Ihr Vater hatte mit uns überhaupt nichts zu tun.

„Das wissen wir!", erklärte Franz, während ich mich umsah.

Der Dealer hatte genau beschrieben, wo sie ihre Drogen aufbewahrte. Im Kleiderschrank ließ sich ein Teil der Rückwand verschieben und dahinter befand sich ein Hohlraum. In diesem entdeckten wir, soweit ich mich erinnere, dreißig oder vierzig Gramm Heroin. Die reichten leicht für eine Verhaftung.

Obwohl sich im Laufe der Ermittlungen herausstellte, dass die junge Frau die treibende Kraft hinter dem Drogenhandel war, tatsächlich die Kontakte zu den holländischen Händlern angebahnt und bei den Fahrten immer den Wagen gesteuert hatte, fiel das Urteil im Vergleich zu dem Dealer milde aus: Zwei Jahre war das Urteil, die sie absitzen musste.

Der Beruf des Vaters und seine Kontakte zur Justiz hatten sicherlich ihre Auswirkungen auf den Urteilsspruch gehabt.

Peter B., mein V-Mann, erhielt 3.000 DM und er hat mich noch oft mit Informationen versorgt. Eines Tages wurde er wegen einer anderen Sache verhaftet und ich musste auf seine immer zuverlässigen Informationen verzichten.

Nach weiteren Ermittlungen verhafteten wir im Raum Regensburg noch acht Personen, die als Kleindealer den Stoff portionsweise verkauft hatten.

Unsere insgesamt zehn Festnahmen erregte Aufsehen unter den Kollegen. Vom Polizeipräsidium Niederbayern-Oberpfalz wurde dies als der spektakulärste Fall des Jahres bezeichnet und im internen Polizeibericht veröffentlicht.

Am Beispiel dieses Falls möchte ich exemplarisch darstellen, welche Arbeiten ich als zuständiger Sacharbeiter zu erledigen hatte.

Der Anruf eines V-Manns, durch den ich Hinweise auf Drogengeschäfte und, in dem Fall auch auf illegalen Waffenbesitz, erhielt, löste Ermittlungen aus. Erhielt ich Kenntnisse von Straftaten, die nicht in meinen Aufgabenbereich fielen, leitete ich diese an das zuständige Kommissariat weiter.

Mit dem V-Mann vereinbarte ich, sich mit dem Dealer anzufreunden und, wenn möglich, auch in seine Wohnung zu gelangen. Am leichtesten erschien mir das, indem der Informant vorgab, Waffen zu besitzen. Der Dealer war ganz scharf auf eine Maschinenpistole und wollte unbedingt eine kaufen.

Mit meinem Kollegen fuhr ich in ein Waldstück und wir fotografierten dort unsere Dienstwaffen, darunter eine Maschinenpistole vom Typ MP 5, mit einer Polaroid-Kamera. Das Bild erhielt der V-Mann und der zeigte es dem Dealer mit der Behauptung, die Waffen gehörten ihm und lägen in einem Erddepot im Wald. Das Bild war das Ticket für den Zugang zur Wohnung des Dealers. Dort fanden Gespräche statt und der Dealer hoffte, die MP5 kaufen zu können.

Über den Anruf des V-Manns erstellte ich einen Aktenvermerk. Den Durchsuchungsbeschluss für die Wohnung des Verdächtigen musste ich bei der Staatsanwaltschaft schriftlich beantragen. Nach dem Zugriff, der Verhaftung des Beschuldigten und der Sicherstellung der Waffe und der Drogen, folgten die Vernehmungen. Die Vernehmungsprotokolle wurden von mir erstellt, die Formulare über die Sicherstellungen der Beweismittel ausgefüllt. Die Drogen gingen an das LKA, auch dafür gab es Formulare.

Danach verfügte das Gericht die Untersuchungshaft für den Beschuldigten.

Es folgten Zeugenvernehmungen und die führten zu weiteren Ermittlungen. Ich ermittelte insgesamt rund fünfzig Beschuldigte (Kleindealer und Konsumenten), die zu diesem Fall vernommen wurden. Es folgten acht oder zehn weitere Verhaftungen; die Verfahren gegen die anderen Beschuldigten stellte das Gericht ein, in der Regel gegen Auflagen oder geringe Strafen.

Für mich hieß das, Protokolle zu jeder Vernehmung erstellen, weitere Formulare ausfüllen und dann Abschlussberichte von fünfzig bis sechzig Seiten zusammenstellen, die an das Gericht gingen und der Vorbereitung von Vorfahren dienten.

In diesem Fall erstreckten sich die Ermittlungen über den Zeitraum eines Jahres und die Unterlagen füllten drei Aktenordner.

Wenn wir Kriminalpolizisten die Aktenordner mit den Ermittlungsergebnissen durch die Gegend schleppten, spotteten die uniformierten

Kollegen gelegentlich, die Ordner enthielten leere Blätter oder Abfallpapier. Es solle ausschauen, als seien wir sehr beschäftigt.

Wir fanden das gar nicht lustig.

***

Das Verhältnis zu dem Kollegen, der seinen V-Mann an mich verloren hatte, war ab dem Zeitpunkt getrübt. Vom Typ her waren wir auch zu unterschiedlich, um Freunde zu werden: Ich hasste den Bürodienst, arbeitete lieber draußen in der Szene, während er mehr der typische Beamte war, gerne am Schreibtisch saß und Büroarbeit für sehr wichtig hielt.

Heute ist mir klar, die Polizei benötigt beide Arten von Beamten, die sich in ihrer Arbeit ergänzen.

Eines Tages verplapperte sich dieser Kollege und ließ mich wissen, dass es im Gespräch war, mein Privattelefon abzuhören und mich zu observieren. Ich war wie vor den Kopf geschlagen. Nach einem Moment der Sprachlosigkeit wurde ich laut, bedrängte ihn und forderte ihn auf, mir zu sagen, was er darüber wusste.

Es gab in Regensburg eine besondere Ermittlungsgruppe, die außerhalb des Präsidiums in einer geheimen Dienststelle untergebracht war, von der nur sehr wenige Kollegen Kenntnis besaßen. In deren Fokus war ich geraten. Ich, ein Beamter im mittleren Polizeidienst, hatte eine wirklich gutaussehende Frau geheiratet, ich fuhr privat einen kleinen, schnellen Sportwagen, machte weite Urlaubsreisen, hatte zunehmend gute Kontakte zur Drogenszene und war mit der Chefin einer sehr bekannten Bar im Norden von Regensburg befreundet.

Da musste ich doch in krumme Geschäfte verwickelt sein!

Was man nicht bedachte: Meine Frau war voll berufstätig und verdiente überdurchschnittlich gut. Wir hatten keine Kinder, wohnten zur Miete und mussten kein Haus abbezahlen.

Ich drehte mich um, ließ den Kollegen stehen und ging direkt zum Direktor. Der hatte keine Ahnung von der Sache, so versicherte er mir, und nahm sich ihrer an. Noch am gleichen Tag wurden alle geplanten Maßnahmen gegen mich ausgesetzt.

Der Direktor hatte keine Ahnung von diesen Vorgängen gehabt, aber der Kollege wusste davon. Ich konnte ihm nichts unterstellen, aber ich machte mir so meine Gedanken. Später erfuhr ich, wie es dazu kam, dass ich ins Visier dieser Ermittlungsgruppe geraten war. Beamte dieser Dienststelle hörten Telefongespräche ab und dabei fiel ein Name, der meinem von der Aussprache her sehr ähnlich war. Als das Protokoll abgeschrieben wurde, schrieb man meinen Namen hinein und plötzlich stand ich unter Verdacht …

Mit der Besitzerin dieser Bar bin ich heute noch befreundet. Meine Frau weiß übrigens darüber Bescheid.

***

Oft fragten mich Bekannte, wenn sie erfuhren oder wussten, dass ich bei der Kripo arbeitete: „Was machst du eigentlich den ganzen Tag?"

Natürlich durfte ich über meine Arbeit als Drogenfahnder nicht reden und nur wenige enge Freunde wussten überhaupt, dass ich beim K14 arbeitete. In der Regel erklärte ich, ich hätte mit Einbrüchen und Betrügereien zu tun. Das klang logisch und wenig aufregend.

Grundsätzlich begann der Dienst morgens um 07.30 Uhr, er dauerte achteinviertel Stunden und endete, die Pausen mit einberechnet, um 16.15 Uhr. Ich wohnte damals in Hainsacker und fuhr, wenn das Wetter es zuließ, mit meinem privaten Motorrad zum Dienst. Die Steinerne Brücke war noch nicht gesperrt und so benötigte ich in der Regel rund fünfzehn Minuten bis zum Minoritenweg.

Ich war nie überpünktlich, kam meistens gerade rechtzeitig ins Büro. Unser Chef war selbst selten pünktlich und sah darüber hinweg, wenn man erst um 07.35 Uhr eintraf. Er legte Wert darauf, dass gearbeitet wurde, die Arbeit erfolgreich war und sich jeder bereit zeigte, nach Feierabend oder nachts an Einsätzen teilzunehmen. Wir waren oft spät abends oder nachts unterwegs, versuchten trotzdem morgens pünktlich im Büro zu sein, um zu erfahren, was mit den Verhafteten geschehen war, ob sie ausgesagt hatten und Haftbefehle ausgestellt worden waren.

Überstunden feierten wir meistens im Sommer ab, wenn weniger Kollegen krank waren als im Herbst oder Winter, oder wir ließen uns, wenn es gar nicht anders ging, das Geld auszahlen. Gelohnt hat sich das nicht. Die Überstunden wurden miserabel bezahlt und dann fraß die Steuer noch einen großen Teil des zusätzlichen Verdienstes.

Bei Dienstbeginn setzten wir uns im größten Büro zwanglos zusammen. Es gab Kaffee; wer morgens zuerst im Büro war, schaltete die Kaffeemaschine ein. Dann besprachen wir, was sich so getan hatte, welche Arbeiten anstanden oder was es an Neuigkeiten gab. Der Chef hörte sich alles an und normalerweise ließ er uns nach dem Motto arbeiten: „Ihr wisst schon, was ihr zu tun habt."

Nehmen wir an, ein Kleindealer wurde dabei erwischt, wie er Rauschgift in geringer Menge verkaufte und man nahm ihn deshalb vorläufig fest.

Beim Staatsanwalt beantragte man einen Durchsuchungsbeschluss, den ein Richter ausstellte. Die Wohnung wurde durchsucht, Belastendes beschlagnahmt und zur Dienststelle gebracht.

Fand man in der Wohnung des Festgenommenen nichts Belastendes, gab es eine Verdachtsanzeige. Wenn etwas gefunden wurde, schrieb man eine Anzeige.

Der Beschuldigte wurde vernommen, parallel zur Vernehmung ein Protokoll erstellt, das der Beschuldigte unterschreiben musste. Weigerte er sich, rief man einen Kollegen hinzu, vermerkte: „Unterschrift verweigert" unterschrieb das Protokoll und ließ den Kollegen gegenzeichnen.

Es gab drei Zellen in der Inspektion I und ein Beschuldigter durfte eine Nacht in einer der Zellen festgesetzt werden.

Nach den Vernehmungen wurde der Beschuldigte ins Gericht gebracht und dort entschied ein Richter, ob derjenige in Untersuchungshaft genommen oder auf freien Fuß gesetzt wurde. Die Entscheidung hing davon ab, welche Mengen und Art von Drogen wir sicherstellen konnten, ob der Beschuldigte vorbestraft war, ob er einen festen Wohnsitz hatte und keine Flucht- oder Verdunklungsgefahr bestand.

Wurde er auf freien Fuß gesetzt, musste er auf den Prozess warten, zu dem er schriftlich vorgeladen wurde. Bis zum Prozessbeginn besaß ein Beschuldigter die Gelegenheit, einen Anwalt mit seiner Verteidigung zu betrauen.

Die beschlagnahmten Drogen wurden zur Überprüfung an das LKA geschickt. Von der Art, Menge und Reinheit der Drogen hing unter anderem auch die Höhe einer Strafe ab.

Gab es mehrere Beschuldigte, verteilte man diese auf unterschiedliche JVAs, damit eine Absprache unterbunden wurde. Neben Regensburg kamen die Verhafteten auch nach Landshut, Weiden und Nürnberg. Nur in Ausnahmefällen mussten Untersuchungshäftlinge in Straubing oder München-Stadelheim einsitzen. In diesen JVAs saßen in der Regel nur Straftäter, die *schweren Jungs*, die zu längeren Haftstrafen verurteilt worden waren.

Für jeden Vorgang gab es Formulare, die es peinlich genau auszufüllen galt. Dazu kamen Zeugenaussagen, Ermittlungsergebnisse, Aktenvermerke und auch Presseberichte musste ich erstellen. Die legte ich immer dem Chef vor, der sie freigab und weiterleitete. In größeren Fällen durfte nur der Pressesprecher der Polizei Informationen an die Presse weitergeben. Ohne ein Okay von oben war es Polizisten verboten, mit der Presse zu reden und Auskünfte zu erteilen.

Bei vielen Fällen füllte der Papierkram mehrere Aktenordner.

Dann gab es noch den lästigen Papierkram, mit dem wir beschäftigt waren: Dienstreisen beantragen und abrechnen, Observationskosten abrechnen und auch Anträge auf Kostenersatz stellen. Einmal zerriss ich mir bei einer Observation an einem Nagel den Ärmel meiner neuen, teuren Lederjacke. Auch dafür gab es ein Formular, das penibel auszufüllen war, damit mir der Staat den Schaden ersetzte.

Am schlimmsten war der Papierkrieg, wenn ein Polizist Gebrauch von seiner Schusswaffe machte. Ein Warnschuss in die Luft, um so einen Verbrecher von einer Flucht abzuhalten, zog einen Schwanz an Berichten und Rechtfertigungen nach sich.

Warum hatte man geschossen, war es wirklich notwendig gewesen, wurde jemand verletzt? Gab es Zeugen … und so weiter. Zudem fehlte dann eine der Patronen, für die man unterschrieben hatte. Per Formular beantragte man nun die Ausgabe einer neuen Patrone, um wieder auf den Soll-Stand an Munition zu kommen.

Es war ein offenes Geheimnis, dass die Drogenfahnder private Munition besaßen und vermieden, einen Warnschuss zu melden. Auch bei Wildunfällen kam es vor, dass ein Polizist ein schwer verwundetes Wild durch einen Schuss von seinen Qualen erlöste. Eine private Patrone kam ins Magazin und im Bericht stand dann: „… das Reh war bereits verendet."

Mir ist Ähnliches auch einmal passiert. Die befreundete Besitzerin einer Bar rief mich an und fragte, ob ich ihr helfen könne. Im Hof ihrer Bar befände sich seit einem Tag ein Tier, das böse fauchte und aggressiv sei.

Ich fuhr hin und sah mir das Ungeheuer an. Ein verletzter Marder hockte in einer Ecke neben den Mülltonnen und wirkte ziemlich schwach. Ich zog meinen Revolver und erschoss ihn.

Normalerweise hätte ich jetzt den Schusswaffengebrauch melden müssen. Aber das ersparte ich mir. Eine Patrone aus privatem Besitz kam in die Trommel des Revolvers und die Sache war erledigt.

Erste Einsätze als verdeckter Ermittler

Mein erster Einsatz als VE (verdeckter Ermittler) ließ nicht lange auf sich warten. Seit einiger Zeit bestand gegen eine Firma aus Regensburg der Verdacht, dass diese Ephedrin in größeren Mengen an jeden verkaufte, der zahlen konnte.

Ephedrin wurde früher als Medikament, z. B. gegen Hypotonie, benutzt und diente als Grundstoff für die Herstellung von *Speed* (Amphetamin), einer illegalen Rauschdroge. In der Weiterverarbeitung wurde daraus N-Methylamphetamin (*Crystal Meth*) gewonnen.

Verkauft wurde Speed, teilweise gestreckt durch Milchpulver, ASS oder andere weiße Pulver, in der Regel in 1-g-Portionen an Endverbraucher, die es durch die Nase einzogen (*sniefen*) oder auch Getränken beimischten. Durch die unterschiedliche Reinheit der Droge, dem weißen Pulver konnte man seinen Reinheitsgehalt nicht ansehen, bestand immer die Gefahr einer Überdosierung.

Bis 2001 war Ephedrin frei in deutschen Apotheken erhältlich. Heute ist der Verkauf in der EU und vielen Ländern der Welt verboten und unter Strafe gestellt.

Damals gab es eine freiwillige Vereinbarung mit Firmen, die mit Ephedrin handelten. Sie sollten der Polizei melden, wenn jemand die Substanz kaufen wollte, der erkennbar drogensüchtig war oder nicht begründen konnte, wozu er diese Substanz benötigte.

Die Firma, gegen die der Verdacht bestand, sich nicht an die Vereinbarung zu halten, lag im Norden von Regensburg. Es war ein Fachgeschäft für Laborbedarf und Chemikalien. Man konnte dort Reagenzgläser, Bunsenbrenner und eben auch Ephedrin kaufen.

Der Chef kam in mein Büro und sagte: „Ich habe einen Job für dich. Du gehst einkaufen."

Das hörte sich gut an und ich sah mich schon in dunklen Hinterzimmern mit zwielichtigen Typen treffen und Bündel von DM-Scheinen gegen kiloweise Kokain tauschen.

„Und was muss ich machen?"

Er erklärte es mir.

Ich erhielt gegen eine Empfangsbescheinigung 500 DM und machte mich in meinem Peugeot auf in den Regensburger Norden.

Es war ein ganz normales Geschäft: Eine Verkaufstheke mit Kasse, dahinter verglaste Schränke, in denen sich Artikel für Labore befanden. Als ich eintrat, klingelte eine Glocke und kurz darauf erschien ein schlanker, älterer Herr, gekleidet in einem weißen Kittel, aus dem Hinterzimmer. Er führte, so wusste ich, mit seiner Frau das Geschäft.

„Guten Tag. Womit kann ich Ihnen dienen?"

„Ich möchte ein Kilo Ephedrin kaufen. Was kostet das?"

Der Geschäftsinhaber musterte mich für einen Augenblick, dann schaute er an mir vorbei nach draußen und sah sich meinen Wagen an, der direkt vor der Tür parkte.

„Vierhundert", sagte er. „Kein Scheck, vierhundert in bar."

„Selbstverständlich!" Ich legte vier Hunderter auf die Theke.

„Einen Moment, bitte."

Der Mann schnappte sich die Scheine und verschwand im Hinterzimmer. Dort hörte ich es rascheln und ich war mir sicher, er prüfte die Scheine auf ihre Echtheit.

Nach zwei Minuten kehrte er zurück und legte einen kissenförmigen, durchsichtigen Plastikbeutel vor mich hin, in den eine weiße, grobe, kristalline Substanz eingeschweißt war.

„Genau ein Kilo!", betonte er. „Sie brauchen sicher keine Rechnung. Oder?"

„Nee. Kann ich nicht von der Steuer absetzen."

Der Mann lächelte mich an, legte seinen Zeigefinger auf die Lippen und meinte „Psssst!"

„Aber immer", war meine Antwort. „Bis demnächst. Servus."

Ich steckte den Beutel mit Ephedrin in die Jackentasche und verließ das Geschäft. So einfach war das also.

Im Büro legte ich unserem Chef das Päckchen und einen Hunderter auf den Tisch. Weil ich keine Rechnung erhalten hatte, musste ich ein Formular ausfüllen und versichern, das Geld tatsächlich ausgegeben zu haben. Der Chef unterschrieb das Papier mit Namen und *sachlich richtig*.

„Und verhaften wir ihn jetzt?", wollte ich wissen.

„Hat er etwas Verbotenes getan?", war die Gegenfrage.

„Keine Ahnung."

„Dann setz dich ins Büro, schreib deinen Bericht und finde heraus, ob der Geschäftsinhaber gegen Gesetze verstoßen hat."

Wen auch immer ich fragte, keiner konnte mir sicher beantworten, ob der Verkauf eine Straftat nach dem Betäubungsmittelgesetz oder Arzneimittelgesetz darstellte. Schließlich rief ich das LKA in München an und ein Kollege aus dem Dezernat Rauschgift riet mir, ich solle mich mit dem Ministerium in Verbindung setzen.

Ich ließ mir die Nummer heraussuchen und rief das *Bundesministerium für Jugend, Familie, Frauen und Gesundheit* in Bonn an.

Die Dame an der Vermittlung sagte freundlich: „Einen Moment, ich verbinde Sie."

Es dauerte und dauerte. Ich wurde mehrfach verbunden, musste warten, bis der Teilnehmer frei war, und schließlich bekam ich einen Referenten ans Telefon, der sich die Sache anhörte und mir eine eindeutige Antwort gab. Der Verkauf von Ephedrin war frei an jedermann und unterlag keinen gesetzlichen Einschränkungen. Man wisse im Ministerium natürlich über die Problematik des freien Verkaufs und arbeite bereits an gesetzlichen Regelungen. Momentan sollten sich die Verkäufer an die freiwilligen Vereinbarungen halten.

Ich dankte dem Mann und legte auf. Dann sah ich auf meine Uhr. Ich hatte zwei Stunden ununterbrochen telefoniert, was 1984 (damals gab es noch keine *flatrate*) eine kostspielige Angelegenheit war.

Der Chef hörte sich meinen Bericht an und meinte: „Erinnere den Mann an die Vereinbarung."

Am nächsten Tag fuhr ich wieder in den Norden, und als ich in das Geschäft trat, stand der Mann an der Verkaufstheke und packte irgendetwas aus.
„Aha!", meinte er. Er witterte ein weiteres Geschäft.
Ich legte wortlos meinen Dienstausweis auf den Tisch.
Der Mann wurde weiß wie eine Wand und ich befürchtete schon, er würde umkippen.
„Holen Sie Ihre Frau!" Das war keine Bitte.
Die schien im Hinterzimmer mitgehört zu haben und erschien innerhalb von drei Sekunden.
Dann erklärte ich dem Paar, dass sie nicht gegen Gesetze verstoßen hatten und ermahnte es, sich zukünftig an die freiwillige Vereinbarung zu halten und Leuten, die nicht eindeutig aus dem chemischen Gewerbe kamen, diese Substanz nicht zu verkaufen.
Ich verlangte eine reguläre Rechnung, die ich auch anstandslos erhielt.
Kurz darauf verkauften die Inhaber das Geschäft, das heute noch existiert.
Die 400 DM erhielt die Polizei nicht zurück, da der Kauf regulär verlaufen war. Das Ephedrin kam in die Reservatenkammer und wurde vermutlich irgendwann vernichtet.

Die Geschichte hatte noch ein Nachspiel. Am Monatsanfang musste ich mich beim Direktor melden. Ich hatte keine Ahnung, um was es ging, aber wenn man zum Rapport beim obersten Boss befohlen wurde, durchforstete man schon sein Gewissen.
„Herr Reisky, haben Sie eine Freundin in Bonn, die Sie auf Kosten der Polizei anrufen?", wollte er wissen. „Von Ihrem Telefon aus wurde für mehr als 150 DM mit einem Teilnehmer in Bonn telefoniert."
Er schaute mich missbilligend über den Rand seiner Lesebrille an.

Ich musste lachen und erklärte dem Direktor, wie es zu der hohen Telefonrechnung gekommen war.

„Genehmigt!" Er lächelte und unterschrieb die Telefonrechnung.

***

Auf meinen zweiten Einsatz als verdeckter Ermittler musste ich nicht lange warten. Der begann mit dem Klingeln unseres Telefons morgens um 03.30 Uhr, das meine Frau und mich aus dem Schlaf riss.

Völlig verschlafen murmelte sie: „Stehst du schon auf?"

Ich hatte den Wecker auf 05.30 Uhr gestellt, weil ich vor dem Frühstück joggen wollte.

„Nein. Ist nur das Telefon. Schlaf weiter", sagte ich und dachte mir: „Welcher Idiot ruft mich mitten in der Nacht an?"

Der *Idiot* war mein Kollege Franz, mit dem ich das Büro teilte.

Mit „Pech, dass du zuhause bist", begrüßte er mich. Dann wollte er wissen: „Hast du Restalkohol im Blut?"

„Nein", antwortete ich leicht verwirrt. „Was soll diese Fragerei?"

„Komm sofort her", meinte er. „Wir brauchen dich. Du musst Kokain aufkaufen."

Darauf hatte ich schon lange gewartet und mit einem Mal war ich hellwach. Meine Frau schlief bereits wieder tief und fest. Die Straßen waren leer und ich benötigte mit dem Motorrad rekordverdächtige sieben Minuten bis zum Minoritenweg.

Begonnen hatte der Fall am Vortag. Ein V-Mann, der meinen Kollegen Franz regelmäßig mit Informationen versorgte, wurde wegen eines Sexualdelikts in die JVA Regensburg eingeliefert. Und nicht zu Unrecht, so befürchtete er, musste er diesmal mit einer längeren Haftstrafe rechnen. Während der Einlieferung wandte er sich an einen Justizbeamten und verlangte, dass man seinen Kontaktmann bei der Kripo darüber informiert, er hätte eine wichtige Aussage zu machen.

Solche Bitten waren fast alltäglich in der JVA und der Mann durfte von einem Telefon aus im K14 anrufen.

Mein Kollege fuhr zur JVA und unterhielt sich mit dem V-Mann, den er schon seit längerer Zeit kannte. Bisher war der nur durch Drogengeschäfte aufgefallen und selbst drogenabhängig. Er hatte Angst vor der zu erwartenden Strafe und vor dem kalten Drogenentzug im Gefängnis.

Franz erzählte mir später, der Mann habe körperlich fix und fertig ausgeschaut und schien auch psychisch schwer angeschlagen zu sein. Nach dessen Angaben sollten in der Nacht zwei Drogenhändler aus Schweinfurt nach Regensburg kommen und zweihundert Gramm Kokain anbieten. Er könne den Kontakt vermitteln und wir könnten die Drogen an einer bestimmten Stelle aufkaufen.

„Was willst du dafür haben?", fragte Franz.

„Ich will nach Hause und Strafmilderung erhalten."

Für den Deal musste Franz den zuständigen Staatsanwalt kontaktieren, der den V-Mann bis zur Verhandlung auf freien Fuß setzte und außerdem versprach, eine milde Strafe für das Sexualdelikt zu beantragen. Das Urteil sprach zwar das Gericht, aber die Richter verhängten äußerst selten Urteile, die höher waren als das von der Staatsanwaltschaft beantragte Strafmaß.

Mit diesem Staatsanwalt hatten die Beamten vom K14 regelmäßig zu tun, da BtM (Betäubungsmittel) zu seinem Aufgabenbereich gehörte. Er war immer, und das möchte ich betonen, aufseiten der Kripo und unterstützte uns regelmäßig bei Ermittlungen. Auch für einen Deal war er stets zu haben, solange er ihn vertreten konnte.

Als ich ins Büro kam, saßen dort schon vier weitere Kollegen. Franz unterrichtete uns über die vorliegenden Erkenntnisse.

„Die beiden Dealer, um die Zwanzig, langhaarige, schlank, kommen in einem verrosteten Wagen italienischer Herkunft mit Schweinfurter Kennzeichen. Sie führen zweihundert Gramm Kokain mit sich, das sie zum Preis von … (es waren mehrere tausend DM, an die Summe kann ich mich nicht mehr erinnern) verkaufen wollen. Mein V-Mann hat ihnen mitgeteilt, dass er jemand kennt, der den Stoff kaufen will. Als Kennwort wird der Käufer den Spitznamen des V-Manns nennen."

Unter dem Spitznamen *Mo...* war der V-Mann in Drogenkreisen bekannt.

Der Plan sah folgendermaßen aus: Die beiden Drogendealer sollten mich zwischen 06.30 und 07.00 Uhr in Zeitlarn auf dem Parkplatz eines Supermarkts treffen. Vier Kollegen in zwei Teams würden alles beobachten und auf ein bestimmtes Zeichen hin die Dealer festnehmen. Das Geld, ein Stapel Hunderter, und eine Waage lagen bereit und ich schnappte mir die Sachen. Das Geld kam in die Innentasche meiner Jacke, der Karton mit der Waage in den Kofferraum des Peugeot und mein Revolver in den rechten Stiefelschaft.

Anschließend fuhr ich los und hoffte, dass die Kollegen mir auch folgen würden.

Als ich im hinteren Bereich des Parkplatzes meinen Wagen abstellte, achtete ich darauf, in Richtung Ausfahrt zu parken und ich bei einem Notfall sofort losfahren konnte, ohne erst rangieren zu müssen.

Die Warterei ging mir auf die Nerven. Das Warten und Geduld haben musste ich erst noch lernen. Später war das Routine für mich.

Es wurde 07.00 Uhr, dann 07.30 Uhr und nichts war von den Dealern zu sehen. Die ersten Angestellten des Supermarkts erschienen und verschwanden durch eine Seitentür in das Gebäude. Ich wurde nicht beachtet.

Um 07.35 Uhr rollte ein verbeulter, verrosteter Wagen italienischer Produktion auf den Parkplatz. Das Kennzeichen SW... war deutlich zu erkennen. Ich blinkte auf und der Fahrer stoppte die Rostbeule etwa zehn Meter von mir entfernt. Ich kurbelte das Fenster an der Fahrerseite herunter und überprüfte gleichzeitig mit der anderen Hand, ob mein Revolver locker im Stiefel saß und ich ihn schnell ziehen konnte. Noch ein unauffälliger Rundumblick: Von meinen Kollegen war nichts zu erkennen. Einerseits ließ sich das positiv sehen, sie wussten, wie man in Deckung ging, andererseits wusste ich nicht, ob sie sich überhaupt in der Nähe befanden und alles beobachteten.

Zwei junge Männer stiegen aus und schlenderten langsam zu mir herüber. Beide waren Anfang zwanzig, dürre Gestalten mit langen, fettigen Haaren, die man schon äußerlich als Drogenkonsumenten identifizieren konnte. Der kleinere der beiden beugte sich runter und stützte seinen Arm auf den Türrahmen meines Wagens. Seine Ausdünstung nach Schweiß, Rauch und dem typischen Essiggeruch des Abhängigen drehte mir fast den Magen um.

„Was willst du?", fragte er mich?

„Mein Kumpel (ich nannte den Spitznamen des V-Manns) hat mir gesagt, ihr habt Koks zu verkaufen."

„Kann sein." Kleine Pause. Die beiden wechselten einen Blick. „Wie viel brauchst du?"

„Wenn du mir einen guten Preis machst, nehme ich zweihundert Gramm."

Er nannte mir einen Preis und ich schüttelte den Kopf. Nachdem er um 1.000 DM mit dem Preis runterging, ließ ich ihn einen Stapel Hunderter sehen.

„Du zeigst mir den Stoff, ich wiege und checke ihn und du bekommst dein Geld. Meine Waage ist im Kofferraum."

„Einverstanden."

Er zog einen durchsichtigen Plastikbeutel aus seiner Hosentasche, in dem sich weißes Pulver befand, und ließ ihn mich sehen.

Ich stieg aus, ging zur Rückseite des Wagens und streckte meine Hand aus. „Gib mir den Stoff."

Er gab mir das Päckchen. Der Zweite stand direkt neben mir und beobachtete die Übergabe. Er hielt die ganze Zeit seine Rechte in der Jackentasche und ich vermutete, dass er dort eine Waffe verbarg. Auf ihn musste ich aufpassen!

Mit einem Ruck öffnete ich den Kofferraum, in dem die Waage in einem Karton stand. Das Öffnen des Kofferraums war das Zeichen für die Kollegen.

Die beiden Typen beugten sich vor und beobachteten interessiert, wie ich das Päckchen mit dem Koks auf die Waage legte. Wenige Sekunden später riss man uns um, drückte uns auf die Erde und verpasste uns Handschellen an. Das alles war fast lautlos vor sich gegangen. Kein: „Polizei! Hände hoch!", nur ein ruhiges „Sie sind verhaftet."

Mich auch zu verhaften, war in solchen Fällen üblich. Die Dealer sollten erst gar nicht auf die Gedanken kommen, mit einem verdeckten Ermittler verhandelt zu haben.

Die Kollegen hatten perfekt gearbeitet. Verborgen hinter einer Hecke, nur rund zwanzig Meter von uns entfernt, waren sie unbemerkt herangesprintet, als ich das Kokain auf die Waage legte und die beiden Dealer dadurch abgelenkt wurden.

Fünf Minuten später rauschten mit Blaulicht und Martinshorn zwei Polizeiwagen aus Regenstauf heran und die uniformierten Kollegen verfrachteten mich in den einen und die beiden Typen in den anderen Wagen.

Auf der Wache in Regenstauf brachte man uns in drei verschiedene Zimmer und kettete uns mit Handschellen an Heizkörpern fest. Die Kollegen wussten nicht, wer ich war und behandelten mich wie einen Drogenhändler. Ich ließ sie in dem Glauben, einen dicken Fisch geangelt zu haben. Übrigens hat in der Wache niemand meine Stiefel durchsucht und rechts steckte mein Revolver. Wäre ich ein Verbrecher gewesen, hätte ich mir den Weg freischießen können. Das stimmte mich damals doch nachdenklich!

Kurze Zeit später erschienen zwei Wagen von der Kripo Regensburg und wir wurden von ihnen übernommen.

Zwei Uniformierte lösten meine Handfesseln vom Heizkörper, drehten mir die Arme auf den Rücken und brachten mich nach draußen. Als sie mich in einen A4 schoben, sagte der eine: „Hoffentlich reißt man dir den Arsch auf!"

In der Inspektion kamen die Dealer aus Schweinfurt in Einzelzellen und wurden den ganzen Tag über vernommen. Da sie einschlägig vorbestraft waren, ordnete der Richter Untersuchungshaft an. Später verurteilte sie das Gericht zu hohen Haftstrafen.

So gegen 10.00 Uhr lief ich unserem Chef über den Weg. Er hatte Urlaub gehabt, war an dem Tag wieder zum Dienst erschienen und hatte direkt nach Dienstbeginn an einer Besprechung teilnehmen müssen. Er wohnte in Zeitlarn und mein Wagen war ihm aufgefallen, als er an dem Supermarkt vorbeifuhr.

„Was hast du denn heute Morgen in Zeitlarn gemacht?", wollte er wissen.

Von der ganzen Aktion hatte unser Chef gar nichts mitbekommen und wir klärten ihn erst mal darüber auf, warum ich dort vor dem Supermarkt geparkt hatte.

Als der V-Mann später in einem Prozess zu einer relativ geringen Strafe verurteilt wurde, waren die Angehörigen des Opfers und auch die Zuschauer sehr überrascht. Man hatte ein viel höheres Strafmaß erwartet. Schon beim Plädoyer des Staatsanwalts ging ein Raunen durch die Reihen der Zuhörer. Und bei der Urteilsverkündigung gab es einige deutliche „Buh" zu hören.

Dass das milde Urteil durch einen Deal zwischen Staatsanwaltschaft und Verteidigung zustande gekommen war und was sich im Hintergrund abgespielt hatte, konnten Außenstehende nicht wissen. Sie durften es gar nicht wissen.

***

Noch während ich die Formulare über den Einsatz in Zeitlarn ausfüllte, Aktenvermerke anlegte und die Übersendung des Kokains zum LKA nach München in die Wege leitete, bahnte sich der nächste Fall an, mit dem ich es zu tun bekam.

Das Telefon klingelte und eine unserer Damen sagte mir, ein Herr G. wolle mich sprechen. Er kenne mich, er sei der Hausmeister des Asylantenheims in der Alten Straubinger Straße.

Ich kannte Herrn G. von einigen Durchsuchungen her, die wir in dem Heim durchgeführt hatten.

„Stell ihn bitte durch", bat ich die Angestellte.

Der Hausmeister erzählte mir eine interessante Sache. Seit einiger Zeit wohnte dort ein Asylant aus Gambia, der dadurch auffiel, dass er immer sehr hochwertige Kleidung und Schuhe trug und oft Besuch von Fremden erhielt, die Koffer, Taschen oder manchmal auch Kartons zu ihm brachten. Gerade, so berichtete er, sei ein Mann mit dunklen Haaren, mittelgroß, sehr dünn, so um die vierzig, mit einem Samsonite-Koffer im Heim gewesen. Er habe den Gambier in seinem Zimmer besucht und sei später ohne den Koffer in einem Taxi fortgefahren.

Ich versprach, mich sofort darum zu kümmern. In diesem Augenblick kam Kollege Franz ins Büro.

„Hol deine Sachen. Wir müssen uns einen Typen schnappen, der im Asylantenheim wahrscheinlich einen Koffer gegen Drogen eingetauscht hat."

Franz rief die Taxizentrale an und ließ sich die Adresse geben, wohin der Kunde von dem Taxi gebracht worden war. Der Taxifahrer teilte der Zentrale mit, er habe ihn in einem Café am Rand der Innenstadt abgesetzt.

Als wir in das Café kamen, saßen dort nur wenige Leute: Einige Frauen bei Kaffee und Kuchen und ein einsamer, älterer Mann mit grauen Haaren, der sich an seinem Weizenglas festhielt.

„Der ist bestimmt auf der Toilette!", sagte ich zu Franz. „Bleib hier und pass auf. Wenn du etwas Verdächtiges hörst, komm bitte sofort nach."

In der Herrentoilette gab es zwei Kabinen. Die rechte war verschlossen und ich klopfte energisch dagegen.

„Mach auf!", brüllte ich.

Keine Antwort. Ich packte den oberen Rand der Toilettentür und zog mich hoch, schaute über die Tür. Ein Mann saß auf der Toilette, eindeutig nicht, um sein Geschäft zu verrichten, und starrte entgeistert hoch zu mir. Sein linker Arm war mit einem Gummiband abgeschnürt und in der Rechten hielt er eine gefüllte Spritze. Er war gerade dabei, sich einen Schuss Heroin zu setzen. Während ich mich mit dem Fuß an der Wand abstützte und oben über die Tür schwang, sprang der Mann auf, warf die Spritze in die Toilettenschüssel und versuchte abzuziehen. Aber da war ich schon bei ihm und schlug seine Hand vom Spülknopf weg.

„Polizei", sagte ich. „Sie sind vorläufig festgenommen!"

Ich öffnete die Toilettentür und schubste den Drogensüchtigen raus. Franz war mittlerweile nachgekommen und nahm den fassungslosen Mann in Empfang, während ich die Spritze aus der Schüssel fischte. Sie war ein Beweisstück.

Auf der Dienststelle stellten wir fest, dass es sich um einen Franzosen handelte, der mit Vornamen Jean hieß. Er lebte bei seiner Freundin in einem Siedlungshaus im Norden von Regensburg und war als Drogenkonsument bekannt. Außerdem war er bereits wegen kleinerer Straftaten verurteilt worden. In seiner Jackentasche entdeckten wir fünf Portionen Heroin zu je einem Gramm, eingepackt in kleine Plastikbeutel.

Wir ließen ihn zwei Stunden in der Zelle schmoren und dann holten wir ihn zur Vernehmung. Der Mann war am Ende: Schwer drogenabhängig, er benötigte dringend einen Schuss und wir hatten ihm seinen Stoff weggenommen. Jean wirkte krank, abgemagert und völlig erschöpft.

„Hör zu, ich mach dir das Angebot nur einmal!", sagte Franz leise, aber deutlich. „Du hast fünf Gramm *H* (für Heroin im Milieu, ausgesprochen *ätsch*) in der Tasche. Außerdem bist du auf Bewährung. Das alles reicht, um dich für drei Jahre hinter Gitter zu bringen. Nach zwei Jahren erlässt man dir den Rest der Strafe und schiebt dich nach Frankreich ab."

Jean wirkte sehr erschrocken und musste schlucken. Wir vermuteten, in seinem Heimatland wartete die *Police judiciaire* (Kriminalpolizei) mit einigen unangenehmen Fragen auf ihn.

„Aber", fuhr Franz fort, „wir wollen nicht dich, sondern den Gambier. Was weißt du über ihn? Und …", Franz machte eine Kunstpause, „wir wollen wissen, womit du den Stoff bezahlt hast. Also, was war in dem Koffer, den du ins Heim gebracht hast?"

Das gab Jean den Rest. Er konnte sich keinen Reim darauf machen, woher wir wussten, dass er das Heroin von einem Gambier erhalten und mit einem Koffer und dessen Inhalt bezahlt hatte.

Er erzählte alles, was wir wissen wollten, und wir hatten endlich etwas gegen den Gambier in der Hand, den wir schon seit Längerem in Verdacht hatten, mit Drogen zu handeln. Der Schwarzafrikaner ließ sich den Stoff mit Waren bezahlen: teure Lederjacken, Seidenkrawatten, Seidenhemden, exklusive Hosengürteln, Schweizer Uhren und Sportbekleidung von *adidas*. Mit allem also, was sich zu Geld machen ließ.

Und jetzt machten wir Jean das große Angebot: „Wir setzen uns bei der Staatsanwaltschaft für dich ein, du bekommst Bewährung und wirst **nicht** abgeschoben, wenn du mit uns zusammenarbeitest."

„Und was soll ich machen?", kam die weinerliche Frage.

„Du kontaktierst den Gambier und sagst, du willst einhundert Gramm *H* kaufen. Wir geben dir das Geld und du kaufst den Stoff. Bei der Übergabe schnappen wir den Dealer und du wirst zum Schein auch festgenommen. Du darfst später gehen, bleibst bis zum Prozess auf freiem Fuß und bekommst garantiert eine Bewährungsstrafe."

„Oder der Richter belässt es bei einer Geldstrafe. Vielleicht kriegst du auch eine Therapie", ergänzte ich. „Ist das kein Angebot?"

Jean nickte. Er schien wieder etwas Hoffnung zu schöpfen.

Wir brachten Jean nach Hause und schärften ihm noch einmal ein, am nächsten Tag das Heroin zu bestellen und ja den Afrikaner nicht zu warnen. Wir würden ihn beobachten und er wisse ja, was passiert, wenn er nicht mitspiele.

Der Gambier wollte sich das Geschäft nicht entgehen lassen und vereinbarte eine Übergabe des Heroins auf dem Parkplatz eines Supermarkts im Osten von Regensburg. Ein Problem ergab sich: Der Gambier bestand darauf, den Stoff in einem Wagen zu übergeben, im Wagen seiner Freundin. Von der wussten wir, dass sie auch Drogen konsumierte.

Für uns bedeutete das einen Einsatz von mehreren zivilen Fahrzeugen und einem Observationsfahrzeug, das für Außenstehende nicht als Polizeiwagen zu identifizieren war. Es ähnelte dem Wagen eines Handwerkers und stand schon zwei Stunden vor der Übergabe auf dem Parkplatz des Supermarkts. Ich wartete, rund einhundert Meter entfernt, auf der anderen Straßenseite und hatte einen freien Blick auf den relativ neuen VW Golf, den der Gambier eine Minute vor der vereinbarten Übergabe vor dem Supermarkt abbremste. Der Platz war gut gewählt. Ununterbrochen kamen Autos auf den Parkplatz gefahren oder fuhren wieder weg, Leute luden ihre Einkäufe ein und niemand kümmerte sich um einen Golf, der in einer Parkbucht anhielt.

Es regnete leicht und unser Franzose stand unter dem Vordach des Supermarkts, rauchte eine Zigarette nach der anderen. Man sah ihm an, dass er dringend einen Schuss benötigte.

Durch Winken machte der Gambier auf sich aufmerksam. Jean warf seine Zigarette weg und marschierte los.

Das Funksignal kam von den Kollegen im Observationsfahrzeug und ich fuhr langsam auf den Parkplatz, stoppte rund zehn Parklücken von dem Golf entfernt und stieg aus, tat so, als wolle ich etwas aus dem Kofferraum holen. Gleichzeitig stieg der Franzose zu dem Gambier in den Wagen.

Das Funkgerät in meiner Jackentasche gab drei knackende Töne von sich. Das war der Befehl des Observationsteams zum Zugriff.

Ich sprintete los, riss die Fahrertür des Wagens auf, schrie: „Polizei! Sie sind verhaftet!", und zog gleichzeitig den völlig überrascht wirkenden Afrikaner aus dem Wagen, drückte ihn zu Boden und legte ihm Handschellen an. Der Franzose blieb brav sitzen und wurde Sekunden später von einem hinzukommenden Kollegen auch in Handschellen gelegt und abgeführt.

Bei der Durchsuchung des Zimmers, in dem der Gambier im Asylantenheim wohnte, fanden wir in einem ehemaligen Bundeswehrspind eine Menge noch original verpackter Waren: Schuhe von *adidas*, Luxusuhren und vier Markenlederjacken im Wert von je 1.000 DM, dazu noch andere hochwertige Kleidungsstücke. Auch den Koffer, den der Franzose in die Unterkunft mitgebracht hatte, konnten wir sicherstellen. Er lag unter dem Bett des Gambiers. Es handelte sich um einen teuren Samsonite Hartschalenkoffer, an dem noch das Preisschild eines Regensburger Kaufhauses hing. In ihm fanden wir zwei hochwertige Tischuhren, sorgsam in zwei Badetücher gewickelt. Auch an den Uhren und Badetüchern hingen noch die Preisschilder. Allein der Wert dieser Sachen betrug rund 1.000 DM.

Auch die sieben Mitbewohner des Gambiers trugen relativ teure und neue Sachen, deren Herkunft sie nicht zu belegen vermochten. Ihr Freund hätte ihnen die Kleidungsstücke geschenkt, beteuerten sie und gaben sich völlig ahnungslos. Wir beschlagnahmten die Sachen und verzichteten auf weitere Ermittlungen gegen die Mitbewohner. Es wäre sowieso nichts dabei herausgekommen.

Der wichtigste Fund waren drei Päckchen mit je einhundert Gramm Heroin und einige Portionen Speed, die der Gambier in seiner Matratze versteckt hatte.

Wer ihn kannte, konnte bei dem Afrikaner passende Sache bestellen. Für eine hochwertige Lederjacke in Größe 52 nahm er ein Drittel des Ladenpreises und lieferte in der Regel innerhalb von ein bis zwei Wochen. Die Abhängigen erhielten den Auftrag, was sie wo und in welcher Ausführung und Größe stehlen mussten und mit dem Diebesgut bezahlten sie ihre Drogen.

Der Gambier gab während der Vernehmungen alles zu. Der Richter verurteilte ihn zu fünf Jahren Haft und nach der Verbüßung von zwei Dritteln der Strafe wurde der Mann nach Gambia abgeschoben.

Jean erlitt ein trauriges Schicksal. Wie versprochen erhielt er eine Bewährungsstrafe und durfte eine Therapie machen. Noch während der Behandlung stellten Ärzte eine AIDS-Infektion fest, an der er ein knappes Jahr später verstarb.

Durch eine Traueranzeige erfuhr ich von seinem Tod. Irgendwie tat er mir leid. Ein völlig verpfuschtes Leben, immer besessen von dem Gedanken: „Wo bekomme ich das Geld für den nächsten Schuss her?"

***

Meinen dreißigsten Geburtstag im September 1984 feierten wir in meinem Elternhaus in Schwandorf. Es waren Freunde da, Verwandte, Geschwister und auch die Eltern meiner Freundin.

Das Verhältnis zu meinem Vater war immer noch unterkühlt. Wir sagten uns freundlichen „Grüß Gott", wenn wir uns sahen, aber mehr war nicht zwischen uns. Mein Vater war kein Mensch, der Emotionen erkennen ließ. Er hat mich nie in die Arme genommen, so wie es ein Vater mit seinen Kindern tun sollte. Es war der Wunsch meiner Mutter gewesen, dass wir im Elternhaus feierten und sie freute sich sehr darüber, als ich ihre Einladung annahm.

Zu Beginn der Feier hielt ich eine kurze Rede, bedankte mich bei den Anwesenden für ihr Kommen, wünschte allen viel Spaß und dann verkündigte ich, dass meine Freundin und ich uns verlobt hatten.

Alle fielen aus den Wolken. Meine Freundin auch, denn sie wusste gar nichts davon. Aber sie nahm es mit Humor, zwinkerte mir zu und ab dem Tag war sie ganz offiziell meine Verlobte.

Ihren Eltern war das ein wenig peinlich. „Kinder ...", sagte meine zukünftige Schwiegermutter, „warum habt ihr denn nichts gesagt? Wir hätten euch doch etwas geschenkt!"

Ich wollte nichts geschenkt haben. Ich hatte doch ihre Tochter bekommen.

Ende 1985 beschlossen wir ganz formlos, am 14. Februar 1986 zu heiraten. An dem Tag vor drei Jahren hatten wir uns kennen gelernt.

Unsere Ehe begann mit einer Panne. Bei einem bekannten Gasthof im Nordosten von Regensburg, den ein Bekannter von mir führte, hatte ich für rund zwanzig Gäste ein Nebenzimmer und Essen bestellt.

Nach der standesamtlichen Hochzeit fuhren wir zu dem Gasthof und ernteten ganz erstaunte Blicke des Personals. Der Chef hatte vergessen, den Termin in den Kalender einzutragen. Es war nichts vorbereitet, we der Tischdecken noch Bestecke lagen auf den Tischen.

Im ersten Moment war die ganze Hochzeitsgesellschaft fassungslos, aber dann halfen alle zusammen, das Nebenzimmer herzurichten und man schaffte es in kurzer Zeit, uns alle mit Speis' und Trank zufriedenzustellen. Noch während der Feier löste sich die Stimmung und wir alle konnten über das Missgeschick des Wirts lachen.

Es war ein holpriger Start in unsere Ehe, in der ab dem Tag alles glatt verlief.

***

Im Sommer 1985 kam ein Praktikant ins K14, ein Kommissarsanwärter, der deutlich erkennen ließ, großes Interesse an der Arbeit in unserem Kommissariat zu haben. Der junge Kollege, er hieß Michael, war nicht verheiratet und immer bereit, spät abends oder am Wochenende zu Einsätzen mit rauszufahren. Ich nahm ihn gerne mit, weil er wissbegierig war und eifrig beim Papierkram mithalf.

In einem kleinen Ort zwischen Regensburg und Cham existierte ein Chapter, das heißt eine Ortsgruppe eines Rockerclubs. Manuel L., der Präsident des Chapters, galt als jähzornig, brutal und äußerst gewaltbereit. Die Kollegen anderer Kommissariate hatten schon öfter mit ihm zu tun gehabt und auch ich kannte seinen Namen, war ihm aber bis dahin, soweit ich mich erinnere, noch nicht persönlich begegnet.

Wegen kleinerer Delikte war L. mehrmals verurteilt worden. Die Erkenntnisse verdichteten sich immer mehr, dass der Rockerpräsident mit Drogen handelte, die er aus Holland oder von illegalen bayerischen Laboren bezog. Wie sonst hätte er sich eine aufgemotzte Harley leisten können, da er, nach eigenen Angaben, als Handwerker seinen Lebensunterhalt bestritt. Aber beweisen konnte man ihm den Drogenhandel bisher nicht.

Mein Telefon klingelte und ich hob ab. „Reisky".

Eine unserer Sekretärinnen teilte mir mit, jemand wolle mich sprechen, aber seinen Namen nicht nennen.

„Danke. Stell ihn durch", bat ich sie.

Es knackte in der Leitung und ich sagte nur „Ja?".

„Bist du es?", wollte jemand wissen.

„Wer sonst?", antwortete ich.

Ich identifizierte die Stimme: Es war Joe. Das war nicht sein richtiger Name; wie alle meine V-Leute aus der Drogenszene hatte er von mir einen Tarnnamen erhalten. Zur Absicherung war Folgendes ausgemacht worden: Sollte sich eine Kontaktperson mit dem richtigen Namen nennen, lief irgendetwas schief. Der Anrufer galt dann als *verbrannt*, das heißt, der Kontakt war aufgeflogen.

„Was gibt es, Joe?"

„Ich habe eine richtig gute Information für dich. Ich weiß, bei wem du eine Menge Stoff kaufen kannst."

„Ich höre."

„Am Telefon sage ich nichts. Ich will erst einmal wissen, was dir die Information wert ist."

„Du kennst unsere Bedingungen. Wo sehen wir uns?

„In Cham in der Roxy Bar."

Ich kannte die Bar gut. In der verkehrte ich gelegentlich und dort traf ich mich gelegentlich mit V-Leuten. Da ich nicht rauchte und dort keinen Alkohol trank, was ungewöhnlich war, hielt mich der Wirt für einen Drogenhändler, und zwar für einen großen. In der übel beleumdeten Kneipe wurden mehr Drogen verkauft als Bier.

Bisher hatten wir dort keine Razzia durchgeführt. Wir überwachten die Roxy Bar, wussten, wer aus- und einging, kannten die kleinen Ganoven und die Konsumenten und informierten uns so über einen Bereich des lokalen Drogenhandels.

Die kleinen Händler und die Konsumenten interessierten uns nicht. Wir wollten an die Großen herankommen.

Die Abmachung mit den V-Leuten war ganz einfach. Pro Gramm Stoff, den ich durch ihre Informationen beschlagnahmen konnte, erhielten sie eine bestimmte Summe. Bei einer größeren Menge von harten Drogen oder besonders gefährlichen Einsätzen wurde die Summe auch schon einmal verdoppelt.

Joe, sein richtiger Name war Bastian, kurz Basti, war ein Kleinkrimineller und selbst abhängig. In der Regel konsumierte er Amphetamin, ein weißliches Pulver, allgemein *Speed* genannt, das meistens durch die Nase eingezogen wurde. Zur Finanzierung seiner Sucht handelte er mit kleinen Mengen oder er beschaffte sich Geld durch Autoaufbrüche und Ladendiebstähle. Bei einer Kontrolle hatte ich vor einem halben Jahr fünf Portionen in seiner Jackentasche gefunden. Nur Drogenhändler trugen mehrere Portionen mit sich herum. Konsumenten vermieden dies, weil sie Angst hatten, dass man sie bestahl.

Joe stand vor der Alternative ins Gefängnis zu gehen oder für mich als V-Mann zu arbeiten. Er wählte die zweite Möglichkeit und bisher waren seine Tipps immer etwas wert gewesen.

Ich schaute auf meine Uhr. „Gut Joe. Wir treffen uns in zwei Stunden."

Meinen Dienstrevolver steckte ich wie immer in den rechten Cowboystiefel; dort konnte ich ihn schnell erreichen. Ich schlüpfte in meine lange Lederjacke und schnappte mir die Schlüssel meines Wagens. Kurze Zeit später war ich unterwegs.

Wie üblich stand ich schon eine halbe Stunde vor dem Treffen auf einem Parkplatz auf der gegenüberliegenden Straßenseite und beobachtete den Eingang der Bar. Ein heruntergekommenes Pärchen ging hinein und kam kurze Zeit später wieder heraus. Die beiden hatten sich wohl ihre Tagesration besorgt. Ansonsten schien alles ruhig zu sein.

Joe erschien fünf Minuten vor der vereinbarten Zeit. Nervös schaute er sich um, dann verschwand er in der Bar.

Ich beobachtete die Umgebung weitere zehn Minuten, bevor ich den Wagen startete und direkt vor dem Eingang in Fahrtrichtung parkte.

Joe saß auf einem Hocker vor dem Tresen und hatte sich ein Bier bestellt. Ich rutschte auf den Hocker links neben ihn und schaute mich unauffällig um.

Der Zigarettenqualm hing wie eine Wolke unter der Decke und die roten Lampen verbreiteten ein schummriges Licht. In der Mitte des Raums standen zwei Pool-Tische, an der Wand links von mir hingen drei Spielautomaten, die von einem fetten, älteren Mann gefüttert wurden. Sein saurer Körpergeruch wehte bis zu mir herüber. Es war nichts Auffälliges zu entdecken.

Fünf Nischen waren von Pärchen besetzt; in der sechsten schlief ein Betrunkener seinen Rausch aus.

Die Bedienung, eine Blonde mit Minirock und tiefem Ausschnitt, beugte sich zu mir rüber. „Was kann ich dir bringen, schöner Mann?"

„Schmeiß den besoffenen Typ da hinten raus. Mein Freund und ich haben eine geschäftliche Besprechung. Mach den Aschenbecher sauber und bring mir eine kalte Coke. Aber kein Eis!"

Die Blonde holte tief Luft, doch bevor sie meckern konnte, tauchte hinter ihr der Besitzer dieses Etablissements auf.

„Ich mach das schon. Kümmere dich um die anderen Gäste, Gaby."

„Grüß dich", sagte er und hielt mir die Hand hin. „Alles klar?"

„Bestens", war meine Antwort.

Kurze Zeit später saß ich mit Joe in der Nische und er erzählte mir ganz genau, was er wusste. Manuel L., so seine Aussage, würde mit

Drogen handeln und man könne bei ihm eine größere Menge Stoff bestellen.

Das klang sehr interessant!

„Du bestellst für mich einhundert Gramm Speed", wies ich Joe an. „Ruf mich an, wenn ich es abholen kann."

„Klar. Aber ich brauche eine Anzahlung."

Joe war also mal wieder pleite. Ich steckte ihm unter dem Tisch zwei Hunderter zu. Den Rest würde er erhalten, wenn wir den Stoff beschlagnahmt hatten.

Mein V-Mann verschwand und ich trank in Ruhe meine Coke aus, bevor ich zahlte, die Bar mit einem „Servus" verließ und in mein Auto stieg.

Zwei Tage später, an einem Freitagnachmittag, rief mich Joe wieder an.

„Wir treffen uns am gleichen Ort. In zwei Stunden", sagte er und schon hatte er wieder aufgelegt.

Ich machte mich auf nach Cham und erhielt die gewünschten Informationen.

Die Kollegen waren gar nicht begeistert davon, an einem Sonntagabend eine Festnahme in Roding durchzuführen. Der Sonntag war ihnen heilig. An dem Tag ging die Familie vor.

Ich rief Michael an und bestellte ihn nach Roding.

„Bin schon unterwegs", sagte er. Er hatte nichts gegen den Einsatz am Sonntag und freute sich darauf, Erfahrungen zu sammeln. Mir war es in der Zeit meines Praktikums ähnlich ergangen.

Michael und ich parkten zwei Querstraßen von dem kleinen, alten Haus am Rand der Rodinger Altstadt entfernt, in dem sich die Wohnung des Drogenhändlers befand. Sie lag in der Tiefparterre, das heißt, wir mussten von der Straße aus ein paar Stufen zu der Wohnungstür hinabsteigen.

Eine Klingel war nicht vorhanden und ich klopfte an. Michael drückte sich neben der Tür an die Mauer. Er wollte nicht gesehen werden.

Ich hörte deutliche Geräusche, bekam aber keine Antwort. Scheinbar musterte mich der Bewohner erst einmal ausführlich durch den Türspion.

Ich klopfte erneut.

„Wer ist da?", flüsterte jemand hinter der Tür.

„Mein Freund hat mich geschickt."

„Welcher Freund?"

Wieder dieses Flüstern. Entweder hatte der Mann Halsschmerzen oder er wollte nicht, dass jemand mitbekam, dass er zuhause war.

„Mein Freund Basti. Der Kleine mit dem blonden Pferdeschwanz. Er hat für mich etwas bestellt."

Ein Schlüssel quietschte im Schloss und die Tür öffnete sich. Jetzt lernte ich Manuel L. persönlich kennen. Er war ein großer, schlanker Typ mit langen schwarzen Haaren. In seiner zerschlissenen Jeans und dem ausgeleierten Pulli sah er gar nicht so gefährlich aus, befand ich.

„Komm rein. Hast du die Kohle dabei?", wollte er wissen. „Sonst kannst du gleich wieder verschwinden."

Blitzschnell kam Michael um die Ecke geschossen und wir drängten den verdutzten Mann durch die kleine Diele in den winzigen Wohnraum. Von Joe wusste ich, das Schlafzimmer lag rechts und der Wohnraum links.

Ein kräftiger Schubser und der Rockerpräsident saß auf der alten, verschlissenen Couch.

„Was wollte ihr Arschlöcher?", bellte er mich an und griff unter ein Sofakissen. Aber ich hatte schon meinen Revolver gezogen und hielt ihm den vor die Nase.

„Leg deine Hände auf die Knie, aber ganz langsam!", befahl ich und zog das Kissen weg. Darunter lag ein langes Messer.

„Die Arschlöcher sind von der Kriminalpolizei und wollen sich hier etwas umsehen."

Wir hielten ihm synchron unsere Dienstausweise unter die Nase.

„Habt ihr überhaupt einen Durchsuchungsbeschluss?" Seine Stimme klang plötzlich gar nicht mehr so selbstbewusst.

„Den habe ich." Ich zeigte ihm das Papier. „Aber wir brauchen ihn gar nicht." Ich grinste ihn an. „Gefahr im Verzug. Da dürfen wir uns auch ohne den rosa Zettel umsehen."

Michael zog die Handschellen aus der Tasche. „Hoch mit dir!"

Kurz darauf lag Manuel L. auf der Couch, seine Hände hinter dem Rücken gefesselt.

„Bleib brav liegen, dann vergessen wir die Sache mit dem Messer. Verstanden?"

„Ja. Ich bleib schon liegen."

Der Form halber durchstöberten wir die Schubladen des Wohnzimmerschranks, dann öffnete ich die Tür unter der Spüle. Dort stand, wie von Joe beschrieben, ein Abfalleimer. Ein schneller Blick zu unserem Freund auf der Couch. Als ich seinen Gesichtsausdruck sah, dachte ich: „Bingo!".

Aus der Rückwand ragte ein Abflussrohr, das nicht genutzt wurde und mit einem Blindstopfen abgedeckt war. Ich entfernte den Stopfen. An dessen Rückseite war ein Haken festgeklebt, an dem ein Stück Schnur verknotet war. Die zog ich heraus. Am Ende hing ein kleiner Plastikbeutel, in dem sich ein weißes Pulver befand. Das Teufelszeug kannte ich: reines Amphetamin. Genau hundert Gramm, so wie ich es bestellt hatte. Mit Milchpulver oder Ähnlichem verschnitten ergab das die doppelte Menge und 200 Einzelportionen, für die man im Straßenverkauf rund 2.000 DM erhielt.

Jetzt wurde es amtlich. „Sie sind verhaftet, Herr L., wegen des Verdachts auf Drogenhandel und anderer …"

Ich informierte ihn über seine Rechte und dann durfte sich der Rockerpräsident anziehen. Anschließend verfrachteten wir Manuel L. in unseren Dienstwagen.

Von der örtlichen Polizeistation aus rief ich den zuständigen Amtsrichter an und informierte ihn über die Verhaftung.

Der Richter saß mit seiner Familie beim Abendessen und meinte, er wäre in einer guten Stunde im Gericht. Ich solle dort auf ihn warten.

Jetzt stellten wir fest, dass wir alle drei hungrig waren. In der Nähe des Gerichts gab es eine gut bürgerliche Gaststätte. Ich machte dem Verhafteten klar, er solle erst gar nicht versuchen wegzulaufen. Erstens käme er nicht weit, zweitens würde das seine Situation verschlimmern und drittens würden wir nicht sehr zart mit ihm umgehen.

Wir nahmen ihm die Handschellen ab, bevor wird die Gaststätte betraten, und ließen uns eine Brotzeit schmecken. Sogar ein Weizenbier erlaubte ich ihm. Ich war mir sicher, das würde für einige Zeit das letzte Bier sein, das er bestellen konnte.

Der Richter unterzeichnete einen Haftbefehl und nahm Manuel L. in Untersuchungshaft. Begründung: Flucht- und Verdunklungsgefahr.

Joe erhielt ein paar Tage später die restliche Belohnung und das war der letzte Kontakt, den ich zu ihm hatte. Ihm war der Boden in der Oberpfalz zu heiß geworden und er verschwand nach Berlin, dort wo seine Familie herkam.

Was aus ihm geworden ist, weiß ich nicht.

Die Verhandlung gegen Manuel L. fand in Cham statt. Ich war einer der ersten, der den Gerichtssaal betrat und der Staatsanwalt wies mir den Platz des Angeklagten zu. So, wie ich mit meinen langen Haaren, gekleidet in Jeans, Cowboystiefel und Lederjacke aussah, hielt er mich für den Bösewicht. Der Irrtum klärte sich dann schnell auf.

Vor der Urteilsverkündung bat mich der Richter in sein Büro. Er war ein mittelgroßer, beleibter Jurist, dessen Vollbart ihm ein gemütliches, freundliches Aussehen verlieh. Der Eindruck täuschte aber. Unter den Ganoven galt er als harter Hund, der das mögliche Strafmaß auch mal ausnutzte.

„Was meinen Sie, was hat der Angeklagte verdient?", wollte er wissen. „Soll ich ihm Bewährung geben?"

Das hieß maximal zwei Jahre, und das erschien mir zu wenig. „Der hat die ganze Gegend mit Drogen versorgt. Sie sollten ruhig ein Exempel statuieren, Herr Vorsitzender."

„Und das wäre?"

„Drei Jahre mindestens", schlug ich vor.

Der Angeklagte bekam drei Jahre, die er unter Berücksichtigung einer vorliegenden Bewährung voll absitzen musste.

Wie gefährlich der Rockerpräsident war, zeigte sich kurz nach seiner Entlassung aus dem Gefängnis. Ein Mann erwischte Manuel L. bei dem Diebstahl von einigen Blumen und sprach ihn daraufhin an. Der zog wortlos eine Pistole, legte auf den Mann an und drückte ab. Zum Glück hatte die Waffe eine Ladehemmung und Manuel L. ließ es damit bewenden.

Zwei Jahre später erschoss er bei einem Rockertreffen einen Konkurrenten.

Er wurde wegen Mordes zu einer lebenslangen Haft verurteilt.

***

Nicht nur einmal fragte man mich, ob es den *Kommissar Zufall* wirklich gäbe.

Den gibt es!

An einem Freitagabend, ich wollte gerade nach Hause fahren, erhielt ich von einem V-Mann aus der Drogenszene die Information, dass in einer Werkstatt im Westen von Regensburg ein geklauter Mercedes steht, der an dem Abend umlackiert werden sollte. Kfz-Diebstahl gehörte nicht zum Aufgabenbereich des K14, aber weil der Informant aus der Drogenszene kam, selbst abhängig war und mir von dem gestohlenen Auto erzählte, ließ mich das stutzig werden. „Da hängt vielleicht mehr dran", dachte ich mir.

An dem Abend waren meine Verlobte und ich zu einer Geburtstagsfeier eingeladen. Ich rief sie an und sagte ihr, sie solle vorfahren, ich würde nachkommen. Sie seufzte enttäuscht, schimpfte aber nicht. Ihr war klar, als Frau eines Kripo-Beamten musste sie mit derartigen Überraschungen klarkommen.

Anschließend rief ich Franz an, der es sich gerade zuhause bequem gemacht hatte.

Wir fuhren zu der Werkstatt. Sie lag im Hinterhof eines wenig gepflegten Hauses und außer einem verwitterten Schild mit der Aufschrift *Reparatur aller Fabrikate* und einer Werbetafel für einen französischen Reifenhersteller wies nichts auf eine funktionierende Autowerkstatt hin.

Das große Metalltor war geschlossen. Daneben hing über einer Tür das Schild *Werkstatt,* durch die wir ohne zu zögern hineingingen.

Innen erkannte ich zwei identische aussehende Mercedes 200. Der linke Wagen befand sich auf einer Hebebühne und schwebte gut einen Meter über dem Boden. Ein Mann klebte gerade die Scheiben des anderen Mercedes ab, um ihn für eine Umlackierung vorzubereiten. Er schaute erstaunt auf, als wir ihn so unvermittelt bei der Arbeit störten.

„Ach du bist das. Schön dich wiederzusehen."

Mit diesen Worten begrüßte ich einen alten Bekannten, mit dem ich zum ersten Mal während meiner Zeit als uniformierter Polizist im Streifendienst zu tun gehabt hatte. Heute verkaufte er Drogen in kleinen Mengen, um seine Sucht zu finanzieren.

„Du bist doch wohl nicht unter die ehrlichen Arbeiter gegangen?"

Der Typ schaute ziemlich verbissen drein. Er hielt gar nichts von dem Wiedersehen.

An der rechten Wandseite standen ein Bürostuhl und ein alter Schreibtisch, übersät mit Papieren und diversen Ersatzteilen. Über dem Schreibtisch hing an der Wand eine große Holzplatte, auf der Haken aufgeschraubt waren, an denen Werkzeuge hingen. Auch ein Telefon fehlte nicht. Das Chaos vervollständigten eine halbvolle Flasche Bier und ein von Kippen überquellender Aschenbecher.

Ich ging zu den beiden Autos hinüber und öffnete die Fahrertüren. In beiden Fahrzeugen lagen Nummernschilder auf den Beifahrersitzen. Einmal Kennzeichen aus Kelheim, im anderen aus Cham.

Ich schnappte mir die Nummernschilder und sagte zu dem Dealer: „Danke für die Hinweise!" Dann zeigte ich auf den Stuhl, der vor dem Schreibtisch stand. „Du bist vorläufig festgenommen. Hinsetzen und die Hände auf den Rücken!"

Franz schob den Mann rüber zum Stuhl, drückte ihn runter und legte ihm Handschellen an.

Ich telefonierte mit dem zuständigen Kommissariat und gab die Kennzeichen durch. Beide Fahrzeuge waren bereits als gestohlen gemeldet worden. Die Kollegen versprachen, schnell zu kommen und sich der Sache anzunehmen.

Während wir warteten, erinnerte ich mich daran, bei welcher Gelegenheit ich zum ersten Mal mit dem Mann zu tun gehabt hatte.

Es war vor einigen Jahren gewesen, als ich noch Streife fuhr. Wir hielten einen Motorradfahrer an, der durch zu schnelles Fahren in der Stadt auffiel. Er nahm seinen Helm ab und ich roch sofort seine Fahne. Wir ließen ihn ins Röhrchen blasen. Geschätztes Ergebnis: 1,5 Promille. Der Motorradfahrer musste mitkommen und eine Blutprobe abgeben. Wir kassierten den Führerschein und schrieben eine Anzeige.

Einige Monate später, bei der Verhandlung vor dem Amtsgericht, behauptete der Mann plötzlich, er sei gar nicht gefahren, sondern ein Freund. Er sei auf dem Beifahrersitz gesessen. Nachdem sie von der Polizei angehalten worden waren, wäre sein Freund schnell weggegangen und der Polizist, also ich, hätte das gar nicht bemerkt.

Der Richter runzelte die Stirn und sah mich fragend an. Ich war völlig perplex und wusste im ersten Augenblick nichts zu sagen. Da fiel mir ein, dass ich das Motorrad des Mannes vorhin gesehen hatte. Es stand unten im Innenhof des Gerichts, in dem man damals noch parken durfte. Der Angeklagte war mit dem Motorrad zur Verhandlung erschienen, ohne dass er seinen Führerschein wiederbekommen hatte.

Ich erzählte das dem Richter und der beschloss einen „Ortstermin". Alle gingen runter in den Innenhof. Der Angeklagte musste sich auf sein Motorrad setzen, eine aufgemotzte Suzuki GS 1100 mit Rennsitzbank. Auf die passte nur eine Person; für einen Sozius gab es überhaupt keinen Platz.

Der Richter glaubte mir und verurteilte den Mann zu einer Bewährungsstrafe und entzog ihm die Fahrerlaubnis für zwei Jahre.

Die Kollegen vom Kommissariat 22 kamen und übernahmen den Fall, während wir die Werkstatt verließen. Ich wollte schnell heim, duschen, mich umziehen, dann zur der Geburtstagsfeier fahren. Aber es sollte anders kommen.

Wir schlossen die Tür hinter uns, als ein Auto auf den Hof rollte, stehenblieb und zwei Männer ausstiegen. Sie starrten mich verblüfft an. Es waren Bekannte aus der Drogenszene, die ich beide schon einmal verhaftet hatte. Das war kein Zufall, dass sie ausgerechnet jetzt hier bei der Werkstatt auftauchten.

„Was wollen die hier?", fragte mich Franz, der die Männer gut kannte.

„Was wohl? Geschäfte machen. Wir bringen sie rein und schauen uns deren Wagen an."

Der Kollege zeigte auf die Tür zur Werkstatt und befahl: „Rein da!", während ich ihr Auto durchsuchte. Routinemäßig schaute ich zuerst in das Handschuhfach. Volltreffer! Es lagen fünfhundert Gramm Heroin darin, verpackt in zwei Päckchen zu je einem halben Pfund. Für eine Stadt wie Regensburg war das eine sehr große Sicherstellung.

Ich nahm den Stoff, ging zurück in die Werkstatt und zeigte den Kollegen meinen Fund. Dann verhaftete ich die beiden Dealer, rief in der Einsatzzentrale an und bat um zwei Streifenwagen. Die kamen schnell und die Verhafteten wurden in die PI I am Minoritenweg gebracht.

„Wir sollten die beiden Mercedes genau durchsuchen lassen", schlug mein Kollege vor.

Die Mercedes wurden in die Kleiberstraße transportiert und dort in der Werkstatt von oben bis unten durchsucht. Es dauert lange, bis ein Techniker aus Zufall das Versteck fand. Routinemäßig öffnete er den Sicherungskasten eines Mercedes und entdeckte unter den Sicherungen einhundert Gramm Amphetamin. Man musste den oberen Deckel öffnen, alle Sicherungen entfernen und dann den Boden des Kastens rausschrauben. Darunter lag in einer flachen Vertiefung das Päckchen mit dem Rauschgift.

„Das ist das raffinierteste Versteckt, das ich je gesehen habe", erklärte der Techniker. Ihm war aufgefallen, dass die vier Schrauben im Sicherungskasten frische Kratzer aufwiesen, obwohl nichts erneuert worden war. Somit bestand kein Grund, den Sicherungskasten zu zerlegen – außer man wollte etwas darunter verstecken.

Besten Dank an den Kollegen *Kommissar Zufall!*

Ich schaffte es nicht mehr zu der Geburtstagsfeier. Als ich weit nach Mitternacht nach Hause kam, lag meine Verlobte bereits im Bett und schlief fest.

Die drei Männer wurden zu langen Haftstrafen verurteilt und wir waren richtig stolz auf unseren Erfolg. Und der Informant erhielt eine dicke Belohnung.

***

Der Februar 1986 endete mit einem Einsatz, der nicht so erfolgreich verlief, wie man es sich als Ermittler erhoffte. Es begann mit dem vielversprechenden Anruf des Besitzers einer Eisenwarengroßhandlung aus Regensburg. Von ihm erhielten wir einen interessanten Hinweis. Er vermiete einzelne Zimmer in dem Gebäudeblock, den er in Regensburg besaß. Zwei Peruaner, die in der Schweiz lebten, hätten sich bei ihm einquartiert. Um sie an die ausstehende Wochenmiete für das Zimmer zu erinnern, habe er an einem Nachmittag nach kurzem Anklopfen den Raum betreten.

„Die Peruaner saßen am Tisch und vor ihnen lag auf einer Unterlage eine große Menge weißes Pulver. Daneben stand ein Rucksack, bei dem, soweit ich erkennen konnte, eine Seitennaht aufgetrennt war", berichtete er. „Um welches Pulver es sich handelte, weiß ich nicht."
Später konnte durch einen Zeugen bestätigt werden, dass die Peruaner Kokain, eingenäht in ihre Rucksäcke, aus der Schweiz nach Deutschland schmuggelten.

Parallel dazu teilte mir ein V-Mann glaubwürdig mit, ein junger Mann habe ihm zweihundert Gramm Kokain angeboten, welches von Peruanern stammen sollte.
Wir beauftragten ihn, sich zum Kennenlernen mit dem Lieferanten in einem großen Regensburger Hotel zu treffen.
An einem Nachmittag fuhr ich mit einem unserer Fotografen zu dem Hotel, das direkt an der Autobahn im Westen von Regensburg lag. Der V-Mann und der Dealer trafen sich in der Lobby und es gelang uns, den jungen Mann unbemerkt zu fotografieren.
Die Schwarz-Weiß-Aufnahmen wurden sofort entwickelt und ich bekam am nächsten Tag, an einem Freitag, ein scharfes Foto von dem vermeintlichen Dealer. Jetzt wusste ich, wie er aussah, kannte aber weder seinen Namen noch seine Adresse.
An diesem Tag wollte ich pünktlich Feierabend machen und steckte das Foto in die Jackentasche. Ich hatte vor, es einem anderen V-Mann zu zeigen und ihn zu fragen, ob er den Mann auf dem Bild kenne.
Zuhause nahm ich das Bild aus der Jackentasche und legte es kurz auf die Garderobe. Meine Frau, wir waren seit einer Woche verheiratet, sah das Bild und fragte mich, was mit dem Mann sei. Ich erzählte ihr kurz die Geschichte und was ich mit dem Bild vorhatte. Da musste sie lachen.
„Frag mich doch einfach", sagte sie. „Der arbeitet in der gleichen Firma wie ich. Er sitzt im Büro gegenüber. Er heißt …
Meine Frau arbeitete damals im Büro eines großen Textilherstellers in Regensburg.

Und so war die Identität des Dealers geklärt. (Schöne Grüße an den *Kommissar Zufall!*)

Nach dem Wochenende vereinbarten wir mit dem V-Mann, er solle die zweihundert Gramm Kokain auf dem Parkplatz des gleichen Hotels aufkaufen. Er bekam die geforderte Summe von uns, um das Geld beim Deal vorzeigen zu können.

Wir waren in zwei zivilen Fahrzeugen zur Stelle. Ein Audi 80 parkte direkt neben der Ausfahrt, um diese gegebenenfalls sperren zu können, der VW Passat, den ich fuhr, stand unauffällig zwischen den Fahrzeugen der Hotelgäste.

Wir sahen den Mercedes Benz des V-Manns kommen, und der bog in eine Parkbucht nicht weit von meinem Wagen ein. Kurz darauf erschien der Dealer in einem neuwertigen Golf II. Er stoppte für einen Moment in der Zufahrt zum Parkplatz, schien sich umzusehen.

„Hoffentlich bemerkt er den Kollegen nicht", dachte ich. Dessen Audi 80 stand nur zehn Meter von dem Golf entfernt. Mein Kollege war nicht zu entdecken, er war vorsichtshalber auf Tauchstation gegangen.

Endlich fuhr der Dealer weiter; er schien, den Mercedes des Käufers gesucht zu haben, und hielt nicht weit von ihm an.

„Abwarten, bis der Dealer das Kokain in der Hand hat", gab ich dem Kollegen per Funk durch.

Der V-Mann stieg aus und ging zu dem Dealer hinüber. Er trug eine kleine Tasche in der Hand, in der sich das Geld befand. Der Dealer stieg aus seinem Wagen und die beiden wechselten ein paar Worte. Dann gingen sie gemeinsam zum Kofferraum des Golfs, den der Dealer aufschloss. Sie bückten sich.

„Zugriff!"

Ich rannte und los und hörte, wie unser Audi gestartet wurde. Fünf Sekunden später bremste der Kollege den Wagen vor dem Golf ab.

Die beiden steckten ihre Köpfe noch immer in den Kofferraum. Unser V-Mann tat, als wolle er das Kokain begutachten, während der junge Mann das Geld zählte.

Der blickte plötzlich auf, alarmiert durch meine Schritte und das Motorengeräusch des herannahenden Audi, und sagte völlig entgeistert: „Was machen Sie denn hier, Herr Reisky?"

Er kannte mich, hatte mich schon zusammen mit meiner Frau gesehen.

Seine Festnahme verlief problemlos. Wie immer verhafteten wir auch den V-Mann. Der Dealer kam in eine unserer Zellen, den V-Mann brachten wir später zurück zum Hotelparkplatz, damit er dort seinen Wagen abholen konnte. Den Golf des Dealers ließen wir in die Werkstatt bringen, wo er sorgfältig untersucht wurde. Man fand aber nur winzige Spuren Kokain in der Mulde des Reserverads.

Bei der Vernehmung gestand der junge Mann, das Kokain von zwei Peruanern gekauft zu haben und es mit Gewinn weiterverkaufen zu wollen. Nach seinen Angaben befanden sich die Peruaner noch immer in Regensburg und besäßen noch rund vierhundert Gramm Kokain, das sie in der Szene anboten.

Der Kollege meiner Frau kam in Untersuchungshaft und wurde später zu einer Haftstrafe verurteilt.

Zwei Tage später traf ich mich erneut mit dem V-Mann und beauftragte ihn, sich mit den Peruanern in Verbindung zu setzen. Er solle sich als Geschäftsmann und Freund des jungen Manns ausgeben. Der habe ihm erzählt, dass er bei ihnen Kokain kaufen könne. Mit seinem dicken Mercedes und seinem seriösen Auftreten ging er leicht als Geschäftsmann durch.

Einen Tag später rief mich der V-Mann gegen Mittag an.

„Die Typen sind knochenhart", berichtete er. „Ich habe sie in meinem Wagen von dem Haus, in dem sie wohnen, abgeholt und bin mit ihnen durch die Gegend gefahren. Sie boten mir zweihundert Gramm Kokain an, aber erst, wenn ich die Schulden für den inhaftierten Jungen gezahlt hätte."

„Die wussten, dass er verhaftet wurde?"

„Ja sicher. So etwas spricht sich in der Szene schnell rum."

„Und um welche Schulden handelt es sich?", wollte ich wissen.

„Er hat noch 1.000 DM Schulden bei denen aus dem letzten Deal. Wenn ich die zahle, machen sie mit mir das Geschäft."

„Sag ihnen, du zahlst alles, wenn du den Stoff bekommst."

„Keine Chance. Die wollen die 1.000 DM bis heute Abend. Ich brauche sofort das Geld von euch. Ich bin ...", es schien ihm peinlich zu sein, „gerade nicht so flüssig."

„Ruf mich gegen 16.30 Uhr an. Ich treibe das Geld auf."

Das war leichter gesagt als getan. Ich ging zum Chef und erzählte ihm von dem Problem.

„Da wirst du Pech haben", meinte er.

„Wieso Pech?"

„Du kannst zwanzigtausend erhalten, um einen Sack Koks anzukaufen. Aber um die Schulden eines Kleindealers zu zahlen, damit dann Kokain angekauft werden kann, dafür gibt es kein Geld. Da sind unsere Freunde im *Wasserkopf* (ironisch für Präsidium) eisern."

„Das gibt es doch nicht!" Ich war fassungslos.

„Klären wir gleich", sagte der Chef und griff zum Telefon. Er telefonierte eine halbe Stunde.

Kurz gesagt: Man stellte uns die läppischen 1.000 DM nicht zur Verfügung.

Der V-Mann rief mich pünktlich an und ich musste ihn auf den nächsten Tag vertrösten, erklärte, die Banken seien schon geschlossen und wir müssten morgen früh erst zur Bank gehen.

Franz und ich beschlossen, gegen vier Uhr morgens in das Zimmer der Peruaner zu stürmen, die beiden festzunehmen und das Kokain zu beschlagnahmen. Ich rief den Hausbesitzer an, und der versprach, um 04.00 Uhr leise die Haustür zu öffnen, damit wir die Peruaner festnehmen konnten.

Tatsächlich öffnete sich um Punkt 04.00 Uhr die Haustür und der Hausbesitzer stand im Bademantel vor uns.

„Sie sind weg", sagte er. „Die sind in der Nacht unbemerkt abgehauen. Als ich eben an der Tür vorbeiging, stand sie offen und das Zimmer war leer. Und die Miete haben sie auch nicht gezahlt. Verdammte Betrüger!"

Dank St. Bürokratius war uns die Sicherstellung einer großen Menge von Kokain durch die Lappen gegangen. Wegen lächerlicher 1.000 DM konnten sich die Peruaner in die Schweiz absetzen und den Deal irgendwo anders machen.

Später habe ich mit Kollegen in der Dienststelle diskutiert, ob es nicht besser gewesen wäre, das Geld aus der eigenen Tasche vorzustrecken.

„Lass bloß den Blödsinn sein!", ermahnte mich der Chef. „Bei einer Verhaftung wird das Geld beschlagnahmt und es interessiert niemanden, ob es dir gehört. Es verschwindet in der Staatskasse und du siehst es nie wieder."

***

Bei schweren Straftaten, vor allem bei Mordfällen, stellte der Leiter der Kripo eine SoKo (Sonderkommission) zusammen. In einer SoKo arbeiteten Beamte aus verschiedenen Kommissariaten gemeinsam an der Aufklärung von Straftaten.

Am Faschingsdienstag 1986 ordnete der Leiter der KPI die Bildung einer Sonderkommission an.

Es ging um den Sexualmord an einer älteren Frau im östlichen Landkreis Regensburg.

Die Nacht von Rosenmontag auf Faschingsdienstag des Jahres 1986 war kalt und dunkel. Die Zeitungsausträgerin, die mit ihrem Rad gegen 05.00 Uhr zwischen zwei benachbarten Ortschaften östlich von Regensburg unterwegs war, konnte kaum den schmalen Schotterweg vor sich erkennen, den sie täglich benutzte. Sie vermied es, auf der parallel verlaufenden, kurvigen Straße zu fahren, weil dort, vor allem in der

Nacht, oft gerast wurde. Lieber nutzte sie den beschwerlicheren, aber für sie viel sicheren Weg. Dieser verlief auf dem Damm, auf dem früher die Gleise einer Schmalspurbahn gelegen hatten.

Obwohl sie dicke Winterkleidung und zwei Paar Handschuhe trug, war sie schon durchgefroren, bevor sie richtig mit ihrer frühen Tätigkeit begonnen hatte.

Ein Schatten, den sie trotz der Dunkelheit in dem Graben, der Straße und Weg trennte, erkennen konnte, ließ die Frau abbremsen und absteigen. Sie lehnte ihr Rad an einen Baum und stieg zögernd zu dem Schatten hinunter. Es war ein Mensch, so erkannte sie bald, eine Frau, die auf dem steinkalten Boden lag und nicht reagierte, als die Zeitungsausträgerin sie ansprach und anstieß. Spätestens jetzt erkannte sie, dass die Frau tot war. Panisch lief sie zurück auf den Weg, schnappte sich ihr Fahrrad und radelte davon, so schnell es ging. Schon am ersten Haus, an dem sie klingelte, wurde ihr geöffnet und dort ließ man sie telefonieren.

Der Anruf erreichte die Polizei gegen 05.30 Uhr und schon wenig später waren die ersten Einsatzfahrzeuge und der Notarzt unterwegs zum Tatort.

Schnell war den Beamten klar, dass hier ein Verbrechen stattgefunden hatte und die polizeilichen Ermittlungen liefen an.

Die Tote, eine sechzigjährige Frau, war auf dem Weg zu ihrer Arbeitsstelle von ihrem Mörder brutal vergewaltigt, bei rund zehn Grad minus wohlgemerkt, und durch Schläge mit einem Gegenstand gegen den Kopf getötet worden.

Noch am gleichen Morgen wurde eine Sonderkommission (SoKo) eingerichtet und der Chef der Kripo beschloss, mich zu dieser SoKo abzukommandieren.

Als ich um 07.30 Uhr zum Dienst erschien, wurde mir gesagt, ich solle mich gleich bei der SoKo melden.

Eine Stunde später war ich mit meinem Kollegen W. unterwegs zu dem kleinen Ort im östlichen Landkreis, ungefähr in der Mitte zwischen Donaustauf und Wörth gelegen. Dort hatte in einem Gasthof ein Rosenmontagsball stattgefunden und es war, wie auf den Dörfern üblich, bis zum frühen Morgen hoch hergegangen. Der Alkohol war in Strömen geflossen und es hatte Raufereien gegeben. Die Bedienungen mussten sich zu später, besser zu früher Stunde, resolut gegen aufdringliche Betrunkene wehren, aber das war ihr tägliches Geschäft und sie wussten damit umzugehen.

Der Mord war nur wenige hundert Meter entfernt vom Ortsrand verübt worden. Während Kollegen von Haus zu Haus gingen und die Anwohner befragten, beschlossen W. und ich, uns in dem Gasthof umzusehen.

Unser erster Gedanke war: Wenn jemand etwas Ungewöhnliches gemerkt haben sollte, waren es die Bedienungen. Die sahen in der Regel mehr als die Gäste und blieben nüchtern. Bedienungen erwiesen sich oft als gute Zeugen.

In der Wirtsstube stank es nach dem Rauch unzähliger Zigaretten, nach vergossenem Bier und nach menschlichen Ausdünstungen. Eine Mixtur, die meinem Magen, der als Frühstück drei Tassen Kaffee erhalten hatte, zu schaffen machte.

Einige Reinigungskräfte waren dabei, die Wirtsstube und den Saal zu säubern. Sie erklärten mir, der Wirt sei oben in seiner Wohnung.

Als wir dem mürrisch wirkenden Wirt baten herunterzukommen, weil wir in einem Mordfall ermittelten und die Namen der Bedienungen erfahren wollten, wurden wir unerwartet unfreundlich abgekanzelt.

Der Wirt bequemte sich noch nicht einmal, die Treppe hinunterzusteigen, und schrie von oben herab: „Das geht mich nix an und die Namen sag ich euch nicht!"

Selbst der Hinweis, dass er verpflichtet sei, uns die Namen zu nennen, damit wir die Bedienungen befragen konnten, half nicht.

„Das geht mich nix an. Ich sag nix. Schert euch fort!", war das, was wir zu hören bekamen. Und dabei blieb er.

Ich konnte mir den Grund für sein unwirsches Verhalten denken: Die Bedienungen hatten schwarzgearbeitet, ein Teil der Einnahmen flossen an der Steuer vorbei und der Wirt fürchtete nichts mehr, als die Leute vom Finanzamt. Das alles war uns egal. Wir wollten einen Mörder finden und uns nicht mit einer vermutlichen Steuerhinterziehung herumschlagen.

So ein unfreundliches, ermittlungsverhinderndes Verhalten hatte ich noch nie erlebt. Ich beschloss, härtere Bandagen auszupacken.

Kollege W. und ich fuhren zurück nach Regensburg und besorgten uns bei Gericht einen Haftbefehl gegen den Wirt. Zwei Stunden später trafen wir uns mit dem Chef der zuständigen Polizeidienststelle vor dem Gasthaus. Die Tür war offen, weil noch immer die Reinigungskräfte zugange waren. Wir stiegen die Treppe zur Wohnung des Wirts hinauf und klingelten an der Wohnungstür. Als der Mann uns öffnete, hielt ich ihm den Haftbefehl unter die Nase.

„Sie sind verhaftet und ich werde Sie zum Amtsgericht Regensburg bringen. Dort werden Sie zu einer richterlichen Zeugenvernehmung vorgeführt."

Weiter belehrte ich ihn, dass er bei Widerstand mit unmittelbarem Zwang zu rechnen habe.

Der beteiligte Dienststellenleiter schien den Wirt zu kennen und verhielt sich nach meinem Dafürhalten sehr zurückhaltend. Er duzte sich mit dem Wirt und schien sich aus der ganzen Angelegenheit heraushalten zu wollen.

Doch der Wirt weigerte sich mitzukommen. Der Wisch da, er meinte den Haftbefehl, gehe ihn gar nichts an.

Ich drohte ihm jetzt unmittelbaren Zwang an, was ihn einfach nicht interessierte. Schließlich riss mir der Geduldsfaden. Zwei Sekunden später lag der Wirt bäuchlings auf dem Boden. Ich bog ihm die Hände auf den Rücken, legte ihm Handschellen an und zog ihn hoch, während er mich lauthals beschimpfte.

Mit blutender Nase, immer noch schimpfend und fluchend, wurde der Mann von mir in den Dienstwagen verfrachtet und W. und ich brachten ihn nach Regensburg. Dort führte ich ihn dem zuständigen Amtsrichter vor.

Jetzt endlich, unter Androhung einer Erzwingungshaft nach den §§ 451 ff. der Strafprozessordnung, gab der Wirt die Namen und Adressen der Bedienungen preis und mein Kollege und ich konnten mit deren Vernehmungen beginnen.

Einer Bedienung, die ich vernahm, einer Frau mittleren Alters, war etwas aufgefallen. Ein junger, schlanker Mann, zirka ein Meter fünfundachtzig groß, war bei mehreren Frauen im Saal abgeblitzt und sei deshalb zunehmend aggressiver geworden. Er habe ziemlich viel getrunken und auch versucht, ihr ins Gesäß zu kneifen. Als sie ihm eine Watschn androhte, habe er sie beleidigt und dann gegen 03.00 Uhr, soweit sie sich erinnern könne, den Ball verlassen. Weiter gab die Frau an, sie glaube, er wohne in einem Nachbardorf. Aber den Namen kenne sie nicht.

„Jeans, eine Jeansjacke und braune Cowboystiefel hat er getragen", erklärte sie. „Sie wissen, diese spitzen Schuhe mit den Absätzen, die man immer in amerikanischen Filmen sieht." Sie sah an mir runter. „So Schuhe, wie Ihre waren das. Und er hat lange Haare gehabt …"

Das „wie Sie" schluckte die Frau im letzten Moment runter.

Nach zwei weiteren Vernehmungen hatten wir ihn identifiziert. Wir wussten nun, wie der Verdächtige hieß und wo er wohnte.

Als wir an der Haustür klingelten, öffnete uns die Mutter. Ihr Sohn schlafe noch in seinem Zimmer, erklärte sie uns, als wir ihr unseren Dienstausweis zeigten.

Sie ließ uns eintreten. Wir gingen in das Zimmer des jungen Mannes und weckten ihn auf. Er trug nur seine Unterwäsche und erschien sehr erschrocken, als wir plötzlich vor seinem Bett standen. Im Flur fielen mir unter der Garderobe ein Paar braune Cowboystiefel auf. Es war genau die Art von Stiefel, die die Bedienung beschrieben hatte.

Ich sagte die üblichen Sprüche auf, die man als Polizist zu sagen hat, und er kam mit, ohne Widerstand zu leisten, nachdem er sich hatte anziehen dürfen. Er wirkte auf mich völlig verschüchtert, fast ängstlich und sagte nur einen Satz: „Ich habe mir nichts vorzuwerfen!"

Wir lieferten ihn am Minoritenweg ab, wo er zuerst registriert und dann in eine Zelle gesteckt wurde.

Währenddessen berieten wir unser weiteres Vorgehen.

Die Vernehmung übernahm der Kollege C., der für mich der beste Vernehmer war, den ich jemals kennengelernt habe. Er war ein schlanker, ruhiger, freundlicher Typ, stets formell gekleidet. Die, die ihn nicht kannten, hielten ihn für jünger, als er es tatsächlich war. Seine Spezialität war es zuzuhören. Er fragte wenig und ließ seine Klienten, wie er sie nannte, reden. Eine schnelle Auffassungsgabe und die Fähigkeit, sich an Kleinigkeiten und scheinbar Nebensächliches zu erinnern und Widersprüche zu erkennen, ergaben die Grundlage für sein erfolgreiches Arbeiten.

Die meisten Verbrecher hielten ihn für harmlos und eine große Nummer aus der Regensburger Unterwelt, der einen Konkurrenten ermordet hatte, ließ sich sogar zu der Bemerkung hinreißen: „Was will **der** Bubi denn von mir?"

Der *Bubi* zerlegte die Aussagen des Mörders, wies dessen Tat akribisch nach und der Richter schickte den Typen für viele Jahre nach München-Stadelheim.

Ich hatte noch zu tun und, als ich am Nachmittag zurück in die Dienststelle kam, traf ich den Kollegen C. auf dem Flur vor dem Vernehmungszimmer. Er trank eine Tasse Kaffee und lächelte mich freundlich an.

„Und?", wollte ich wissen.

„Der sitzt da drin und heult sich aus. Er hat schnell den Mord zugegeben und kannte Details, die nur der Mörder oder wir wissen konnten. Den Rest erledigt das Gericht."

Der Chef war zufrieden mit unserer Arbeit, die Presse lobte uns (ausnahmsweise) und wir waren sehr erleichtert darüber, den Mord so schnell aufgeklärt zu haben.

Der Mörder erhielt zehn Jahre Haft. Die lebenslange Strafe blieb ihm erspart, weil er noch unter das Jugendstrafrecht fiel.

Für mich persönlich fiel damals das Urteil zu milde aus. Aber das interessierte niemanden. Von der Strafe musste der Mörder in der Regel sieben bis acht Jahre absitzen und dann würde man ihn wegen guter Führung entlassen.

Doch die Verwandten der Ermordeten, die konnten nicht vergessen. Auf ihnen lastete das Wissen um das schlimme Schicksal, das der Frau widerfahren war, bis an ihr Lebensende.

***

Unser Kommissariat war für die Bekämpfung der Rauschgiftkriminalität im Bereich des Polizeipräsidiums Niederbayern-Oberpfalz zuständig. Überschritt der Handel mit Betäubungsmitteln das Gebiet einer Direktion oder mehrerer Präsidien in Bayern oder handelte es sich um eine große Menge von Rauschgift, übernahm das Landeskriminalamt (LKA) in München federführend die Ermittlungen.

Verdeckte Ermittler (VE) des LKA arbeiteten oft über längere Zeiträume im Untergrund. Sie verfügten über hohe Geldbeträge, fuhren schnelle Wagen und waren regelmäßig Gäste in Spielkasinos und Bars, also dort, wo sich die Großdealer gerne aufhielten.

Es war ein Tanz auf des Messers Schneide für die VE. Was war legal, halblegal oder illegal? Die verdeckten Ermittler besaßen perfekte falsche Identitäten und genaue Richtlinien darüber, in welchem Rahmen sie handeln durften.

Überschritt die Drogenkriminalität Ländergrenzen und war eine Zusammenarbeit mit den Polizeibehörden anderer Staaten notwendig, übernahm das Bundeskriminalamt (BKA) in Wiesbaden die Ermittlungen. Das BKA arbeitete eng mit den LKAs der Bundesländer zusammen oder auch mit den betreffenden Kommissariaten der Bayerischen Polizeipräsidien und -direktionen.

Mit Ermittlern des LKA arbeiteten wir regelmäßig zusammen. Eine Zusammenarbeit mit dem BKA kam nicht so häufig vor.

An einen Fall im Februar 1987 kann ich mich gut erinnern. Das BKA zerschlug in Zusammenarbeit mit Scotland Yard und anderen Polizeibehörden einen internationalen Drogenring. Aus Kolumbien wurde in einer Privatyacht Kokain nach England geschmuggelt und das Rauschgift dann über verschiedene Kanäle auf dem Festland verteilt.

Morgens, bei Dienstbeginn, erhielt unser Chef vom BKA per Telefon die Order, Beamte für einen Einsatz in Regensburg abzustellen. Gleichzeitig erhielten auch die Kollegen in Ingolstadt einen ähnlichen Auftrag. Die Ermittler vom BKA befanden sich bereits in Ingolstadt und ließen sich dort am Landgericht die benötigten Haftbefehle ausstellen.

Gegen 10.00 Uhr fuhren drei BMW 735i aus Wiesbaden mit Blaulicht in den Innenhof der Inspektion. Sechs Beamte des BKA stiegen aus, kamen durch den Nebeneingang hoch ins Kommissariat, wiesen sich aus und baten um eine sofortige Konferenz mit den Kollegen, die in Regensburg für den Einsatz eingeteilt wurden.

Ich war einer der Auserwählten. Eine kleine Figur in einem großen Schachspiel oder anders ausgedrückt, ein winziges Rädchen in einer großen Maschine.

Die Besprechung fand im Büro des Chefs statt. Die Kollegen vom LKA legten Haftbefehle vor und klärten uns über einen Teil ihrer Ermittlungen auf.

Es gab da eine sehr interessante Vorgeschichte.

Vor einigen Jahren war in München ein großes Juweliergeschäft überfallen worden und der Täter hatte Beute in Millionenhöhe gemacht. Er konnte unerkannt entkommen und baute sich mit dem Erlös aus der Beute eine neue Existenz in London auf. Wie das BKA in Erfahrung bringen konnte, ließ der Räuber, um nicht erkannt zu werden, in der Schweiz eine Gesichtsoperation durchführen, die sein Aussehen veränderte. Seine Import-Export-Firma diente als Tarnung für die Rauschgiftgeschäfte.

Verheiratet war der Dealer mit der Tochter eines Regensburger Polizisten, den ich gut kannte und mit dem ich Streife gefahren war. So klein ist die Welt!

Eine Verwandte der Frau wohnte in der Konradsiedlung und durch die Telefonüberwachung war bewiesen worden, dass die Verwandte an den Geschäften beteiligt war und hier Rauschgift verkaufte.

Von einem V-Mann hatte das BKA erfahren, dass das Kokain in einer doppelten Wand der Yacht von Kolumbien nach England transportiert wurde und der Yachtbesitzer regelmäßig die Tour nach Cartagena in Kolumbien und zurück unternahm oder Segler damit beauftragte. Angeblich sollten über 600 Kilogramm Kokain in das Versteck passen.

An dem Tag sollten zeitgleich Zugriffe in England, in Ingolstadt und Regensburg stattfinden. Das BKA arbeitete intensiv mit Scotland Yard zusammen. Verhaftungen und Durchsuchungen durften im Vereinigten Königreich nur von englischen Polizeibehörden erfolgen, es war aber davon auszugehen, dass sich Beamte des BKA in England befanden.

Mit „Ich bin der Lukas" stellte sich mir der LKA Beamte vor, mit dem ich eine Verhaftung vornehmen sollte. Auch wenn die Kollegen von der höchsten Polizeibehörde der Bundesrepublik kamen, war der Umgangston leger und kameradschaftlich. Rauschgiftfahnder, egal welchen Dienstgrades oder welcher Dienststellung, duzten sich untereinander.

„Ich bin der Hans." Wir schüttelten uns die Hände.

Lukas zeigte mir den Haftbefehl, der auf eine Frau ausgestellt war. „Du weißt, wo das ist?", wollte er wissen.

„Sicher. Wir müssen über die Donau." Ich zeigte ihm die Konradsiedlung auf der Karte. „Und hier ist die Straße, in der die Frau wohnt. Wir fahren so." Mit dem Finger zeigte ich ihm den Weg auf der großen Karte, die in diesem Büro an der Wand hing.

„Wie lange brauchen wir?"

Ich überlegte. Es war kurz vor Mittag. „Bei normalem Verkehr zehn bis fünfzehn Minuten."

Lukas schaute auf die Uhr. „Um Punkt 12.00 Uhr werden wir klingeln. Gleichzeitig mit den anderen."

Er meinte die Kollegen in Ingolstadt und London und sicherlich auch noch in anderen Ländern Europas.

Kaum rollte der BMW 735i aus dem Parkbereich des Präsidiums auf die Straße, stellte Lukas das Blaulicht aufs Dach und gab Vollgas. Eins unserer Zivilfahrzeuge, besetzt mit zwei Kripobeamten, hatte Mühe, dem BMW zu folgen.

Normalerweise vermieden wir es, mit Blaulicht zu fahren, um möglichst unauffällig zu bleiben, doch die Jungs vom BKA hielten es anders.

„Warum das Diskolicht?", wollte ich wissen und zeigte noch oben, wo das Blaulicht zuckend rotierte.

„Wir fahren immer mit Blaulicht", sagte er. „Normalerweise schwenken solche Deppen wie der vor uns rechts rüber." Er überholte einen links fahrenden Landkreisbewohner mit Vollgas auf der rechten Fahrbahn. Im Vorbeifahren erblickte ich das entsetzte Gesicht eines älteren Mannes.

Zwei rote Ampeln interessierten Lukas wenig und nach fünf Minuten bog er von der Isarstraße nach links in die Sandgasse ein.

„Mach das Licht aus. Wir sind gleich da."

Lukas schaltete das Blaulicht ab und ich hatte das Gefühl, es tat ihm irgendwie leid.

Ein Stück vor dem Haus verlangsamte Lukas die Geschwindigkeit und wir stoppten drei Minuten vor dem 12.00-Uhr-Läuten vor dem Haus. Als wir im Rückspiegel den Wagen mit Kollegen kommen sahen, stiegen wir aus. Der Fahrer hatte natürlich vorschriftsmäßig bei Rot an den Ampeln angehalten.

„Einsatzfahrten müsst ihr noch üben", sagte Lukas mit todernstem Gesicht.

Wir standen vor einem der typischen Siedlungshäuser der Konradsiedlung, es war frisch renoviert, mit dem charakteristischen steilen Dach und dem kleinen Vorgarten. Diese Häuser waren zwischen 1933 und dem Ende des Krieges für Arbeiter der Rüstungsindustrie (Messerschmitt) erbaut worden.

Lukas klingelte an der Haustür und eine Frau zwischen fünfundvierzig und fünfzig öffnete uns. Sie trug einen Kittel und brachte einen Geruch nach Braten mit sich.

„Frau …?", fragte Lukas.

„Ja. Und was wollen …?"

Er ließ die Frau gar nicht aussprechen, hielt ihr nur seinen Ausweis hin, sagte „Bundeskriminalamt. Gehen wir rein!" und schob die verdutzte Frau in den Flur.

Ich folgte ihm, wartete, bis die beiden Kollegen nachkamen, und schloss die Tür hinter uns.

„Ist außer Ihnen noch jemand im Haus?"

Die Frau schüttelte den Kopf. Ich hatte das Gefühl, sie ahnte, was ihr bevorstand.

„Ich habe einen Haftbefehl gegen Sie und einen Durchsuchungsbeschluss. Setzen Sie sich auf die Couch und rühren Sie sich nicht."

Die Durchsuchung erbrachte keine Spur von Drogen. Im Wohnzimmerschrank steckten in einem Briefumschlag Bankunterlagen (Kontoauszüge, Durchschriften von Überweisungsträgern einer großen englischen Bank); außerdem fanden wir eine große Anzahl von Adressen aus dem In- und Ausland sowie Schriftverkehr zwischen der Frau und ihrer Nichte in England.

Alle Unterlagen wurden als Beweismittel beschlagnahmt. Am Nachmittag überführte ich die Frau nach Ingolstadt, wo sie vernommen und in die Untersuchungshaft eingeliefert wurde.

Zur selben Zeit durchsuchte eine Einheit von Scotland Yard das Schloss des Dealers, das am Rand Londons in einem parkähnlichen Gelände lag. In einer großen Garage fanden die Polizisten einen Fuhrpark mit den teuersten Autos vor: Rolls Roys, Ferrari und Jaguar. Sie beschlagnahmten die Autos, große Mengen an Bargeld (über eine Million

Britische Pfund), wertvolle Bilder und Teppiche. Die Yacht des Großdealers lag im Hafen von Falmouth, einem kleinen, touristischen Ort in Cornwall, an Englands Südwestküste. Sie war gerade von einem Segeltörn über den Atlantik zurückgekommen. In der Zwischenwand wurden sechshundertfünfzig Kilo Kokain entdeckt, genau wie es der V-Mann beschrieben hatte.

Der Großdealer und seine Frau wurden verhaftet und ihr Besitz eingezogen. Der Regensburger Kollege musste eine interne Untersuchung über sich ergehen lassen, die aber kein Fehlverhalten ans Tageslicht brachte. Er hatte schon seit Jahren keinen Kontakt mehr mit seiner Tochter gehabt.

Die Geschichte hatte noch ein Nachspiel.

Wenige Monate nach seiner Verurteilung zu einer langjährigen Haftstrafe, die er in der *sichersten* Haftanstalt Großbritanniens absitzen musste, gelang es dem Dealer zu *flüchten* und spurlos zu verschwinden. Wir erfuhren das, weil wir von Interpol darüber unterrichtet wurden. Schließlich verfügte der Geflüchtete über verwandtschaftliche Beziehungen in Regensburg.

„So ein Zufall!", dachte ich mir. „Ausgerechnet der konnte aus dem Gefängnis fliehen."

Ein halbes Jahr später traf ich bei einer Besprechung Lukas wieder, den ich bei der Verhaftung der Frau in der Konradsiedlung begleitet hatte. Ich sagte ihm auf den Kopf zu, dass der Flucht ein Deal vorausgegangen war: Freiheit gegen Informationen.

Eigentlich durfte er nichts sagen. Er machte eine Bewegung mit den Händen, die als „So ist es eben" zu verstehen war.

„Wir haben den Kollegen in Kolumbien ein paar Tipps geben können", flüsterte er mir zu, bevor er zurück nach Wiesbaden fuhr.

Später erfuhr ich, dass die kolumbianische Drogenpolizei eine riesige Menge Kokain (tonnenweise!) beschlagnahmen konnte und mehrere Plantagen mit Coca-Sträuchern zerstört hatte.

Von dem Dealer haben wir nie wieder etwas gehört. Seine Frau musste ihre Strafe absitzen und ist anschließend nach Deutschland zurückgekehrt.

***

Im Juni 1986 erlitt ich meinen zweiten schweren Dienstunfall. Ich lief einen Marathon, bei dem ich mich wohl überanstrengte. Kurz darauf nahm ich im Polizeisport an einem Fußballspiel teil. Bei einem Torschuss knickte ich um und während meine Mannschaftskameraden noch „Tooor!" schrien, fühlte ich einen stechenden Schmerz im Fußgelenk. Die Diagnose war niederschmetternd: Bänderabriss. Ich kam unters Messer und humpelte einige Wochen an Krücken durch die Gegend. Obwohl der Arzt mich weiter krankschreiben wollte, ließ ich mich bedingt dienstfähig schreiben. Der Grund war ganz einfach: Mir war langweilig.

Der Chef überlegte, was er mit mir anfangen konnte. Nur Schreibtischarbeit – das wollte er mir nicht antun. So kam er auf die Idee, mich nach Wackersdorf zu schicken. Dort musste ich mit anderen Kollegen in einem aufgestellten Container Personenfeststellungen durchführen: Papiere überprüfen, Fingerabdrücke nehmen, Fotos machen und Verhaftete dem Ermittlungsrichter zuführen.

Die WAA (Wiederaufbereitungsanlage) sollte in Wackersdorf, einem kleinen Ort östlich von Schwandorf, erbaut werden und war eines der politisch umstrittensten Bauprojekte der 1980er Jahre in der Bundesrepublik. Bereits bei der Auswahl von Wackersdorf für den Standort der Anlage wurde die erste Bürgerinitiative gegründet. Der Widerstand in der Bevölkerung, unterstützt von Nicht-CSU-Politikern, von Atomkraftgegnern, Aktivisten aus den beiden großen Kirchen und vielen anderen Organisationen, wuchs in den folgenden Jahren.

Bald kam es zu ersten schweren Auseinandersetzungen zwischen Demonstranten und der Polizei.

Im Oktober 1985 wurde das WAA-Gelände für mehrere Millionen DM vom Freistaat Bayern an die DWK GmbH (Gesellschaft zur Wiederaufarbeitung von Kernbrennstoffen) verkauft. Die Rodungs- und Bauarbeiten im Taxölderner Forst begannen im Dezember 1985. Bei der überwiegenden Mehrheit der Bevölkerung in der Oberpfalz regte sich zunehmend aktiver Widerstand gegen die Pläne der Bayerischen Staatsregierung und die Polizei wurde von ganz oben angewiesen, Störungen und Widerstände mit allen Mitteln zu unterbinden.

Am Ostermontag 1986 kam es zum Einsatz von Reizgas gegen Demonstranten am sogenannten „Chaoten-Eck". Ein asthmakranker Mann starb an dem Tag; er war das zweite Todesopfer. Vor ihm war eine Frau während der Demonstrationen an Herzversagen gestorben.

Als die Polizei vermehrt Reizgas gegen Demonstranten einsetzte, verschossen „Chaoten" mit Schleudern Stahlkugeln gegen Polizisten und auch gegen die Hubschrauber, aus denen Gaskartuschen auf die Demonstranten geworfen wurden.

Es war ein Krieg: Demonstranten gegen die Staatsmacht, die herrschende CSU gegen die WAA-Bewegung.

Der 07. September 1986 war ein Tag, den ich nie in meinem Leben vergessen werde. Ich saß mit Kollegen im Container und wir warteten auf die Einlieferung festgenommener Personen. Der Einsatzleiter kam herein, zeigte auf mich und zwei weitere Beamte: „Zieht euch an. Chaoten versuchen, Molotowcocktails gegen Hubschrauber zu werfen, und beschießen sie mit Stahlkugeln. Die Typen sind im Wald verschwunden und sind jetzt an einer anderen Ecke wieder aufgetaucht. Ihr müsst sie finden und festnehmen. Geht *robust* vor!"

Das hieß, alle Mittel der gesetzlich möglichen Gewalt durften angewandt werden.

„Ich kann zwar gehen, aber auf keinen Fall laufen. Ich bin nur beschränkt dienstfähig", teilte ich dem Einsatzleiter mit.

„Wusste ich nicht", sagte er. „Dann gehst du mit." Er zeigte auf den Kollegen, der mir gegenüber saß.

„Alles klar", meinte der. „Wollte schon immer mal im Hubschrauber mitfliegen."

Nach kurzem Überlegen zog er seine Uhr vom Handgelenk, eine teure Schweizer Markenuhr, und überreichte sie einer anwesenden Kollegin.

„Pass bitte auf die Uhr auf. Ich will nicht, dass so ein Chaot mir die Uhr kaputtschlägt."

„Gerne." Sie steckte die Uhr in eine Tasche ihrer Kombi.

Ich beneidete den Kollegen ein wenig. Ich wäre auch gerne zum ersten Mal in einem Hubschrauber mitgeflogen. Aber es war sinnlos, mich mitzunehmen, da ich niemandem hinterherlaufen konnte.

Die drei Kollegen zogen sich an und liefen zu der nahegelegenen Bahnlinie hinüber. Dort schwebte der Hubschrauber einem Meter über den Schienen und die Polizisten stiegen ein. Fälschlicherweise hatte der Pilot angenommen, die Strecke sei gesperrt. Aber da irrte er sich!

Ein Triebwagen der Bundesbahn kam angefahren und der Triebwagenführer konnte nicht mehr rechtzeitig bremsen, als er den Hubschrauber erblickte. Der Pilot versuchte noch, seine Maschine hochzuziehen, aber er hatte keine Chance. Triebwagen und Zug kollidierten und der frisch aufgetankte Hubschrauber explodierte, als das Flugbenzin aus dem geplatzten Tank lief.

Wir hörten den Knall, liefen nach draußen und sahen mit Entsetzen das Feuer und die schwarzen Rauchwolken, die von den Bahngleisen emporstiegen.

Am schlimmsten hatte es den Kollegen erwischt, der für mich in diesen Einsatz geschickt worden war. Der Familienvater, ein Polizeiobermeister, erlitt schwerste Verbrennungen und verstarb am 24. September in einem Krankenhaus an den Folgen der Verbrennung. Vor seinem Tod wurde er noch zum Polizeihauptmeister befördert, damit seine Witwe höhere Hinterbliebenenbezüge erhielt.

Der Copilot und die anderen Kollegen wurden teilweise schwer verletzt, überlebten aber den Unfall. Der Copilot konnte nicht mehr fliegen, wurde dienstunfähig geschrieben und frühpensioniert.

Gegen den Piloten wurde ein Strafverfahren wegen diverser Vergehen eröffnet, später aber eingestellt. Was aus ihm und den anderen Kollegen geworden ist, weiß ich nicht.

Dieser tragische Unfall hatte ein für mich unangenehmes Nachspiel. Es gab einen Kripo-Stammtisch in einem bekannten Regensburger Weinlokal im Süden der Stadt, zu dem ich gelegentlich hinging.

An einem Abend saß ein mir unbekannter Mann zwischen den Kollegen, den man mir nicht vorgestellt hatte. Ich sagte „Servus", bestellte mir eine Weinschorle und hörte zu, was da so geredet wurde.

Plötzlich hörte ich, wie der Unbekannte erzählte: „Der Typ, der eigentlich in dem Hubschrauber mitfliegen sollte, hat sich gedrückt. Er hat keine Kinder, aber mein Schwager war Vater. Jetzt ist mein Schwager tot, meine Schwester Witwe und die Kinder sind Waisen, weil der Typ nicht mitfliegen wollte."

Betretenes Schweigen am Stammtisch und alle Polizisten starrten mich an. Der Schwager des toten Polizisten blickte erstaunt zu mir hinüber. Er wusste nicht, wer ich war.

Ich erhob mich. „Ich bin der Typ, von dem Sie reden. Ich wäre mitgeflogen, wenn ich gesund gewesen wäre. Ich durfte nicht mitfliegen, weil ich nur bedingt dienstfähig war. So war das. Ich habe mich nicht gedrückt!"

Dann legte ich das Geld für das Getränk auf den Tisch und verließ das Lokal. Ich bin nie wieder zu diesem Stammtisch gegangen.

Noch heute wundere ich mich darüber, wie es mir damals gelang, so ruhig zu bleiben. Zuerst wollte ich die Sache einem Rechtsanwalt übergeben, den Mann wegen übler Nachrede und Beleidigung verklagen.

„Lass es bleiben", riet mir meine Frau. „Du bekommst nur Probleme."

Ich hörte auf sie. Doch vergessen werde ich nie, dass es Leute gab, die mich für den Tod des Kollegen verantwortlich machten.

Kommissariat 14, 1987 – 1995

Natürlich gab es auch Fälle, die lustig oder komisch waren und über die wir noch lange lachen konnten.

Einem leitenden Beamten eines Kommissariats passierte eine ziemlich peinliche Sache. Er marschierte mit einem Beschluss des Amtsgerichts in eine Bank, legte den rosa Zettel und seinen Ausweis auf den Tisch und verlangte von der überraschten Bankangestellten Einsicht in die Kontobewegungen eines Straftäters.

Die junge Frau hüstelte verlegen und sagte dann leise (damit es ja niemand hörte): „Herr Hauptkommissar, Sie sind hier in der falschen Bank."

Verlegen packte der Hauptkommissar seine Sachen zusammen und ging zu der Bank, bei der der Straftäter ein Konto besaß.

Der Kollege war aus Gewohnheit in die Bankfiliale gegangen, bei der er selbst Kunde war.

Mir passierte etwas, was für Aufsehen bei den Kollegen und auch beim Leitenden Polizeidirektor sorgte. Der residierte damals noch am Minoritenweg. Erst als er später zum Polizeipräsidenten befördert wurde, zog er um ins Bismarckpalais.

Kurz vor Dienstschluss stoppte ein Ferrari Testarossa, ein Auto, das damals rund 250.000 DM kostete, vor unserem Dienstgebäude und parkte auf einer markierten Fläche, die deutlich mit *Parken verboten – Nur für Einsatzfahrzeuge* gekennzeichnet war.

Das wurde von Kollegen und auch vom Leitenden Polizeidirektor beobachtet. Seltsamerweise wies niemand den Fahrer darauf hin, dass er hier nicht parken durfte.

Kurz darauf verließ ich das Gebäude.

Der Ferrari-Fahrer öffnete die Tür und rief: „Steig ein. Ich muss mit dir reden."

Ich stieg ein und wir fuhren auf die Autobahn in Richtung Neumarkt. Der Wagen ging ab wie eine Rakete und erreichte damals schon eine Geschwindigkeit von fast 300 km/h.

„Was gibt es?", fragte ich den Fahrer, als wir in Neumarkt von der A3 abbogen.

„Ich wollte dir nur mein neues Auto zeigen." Der V-Mann grinste mich an. „Wenn du willst, darfst du zurückfahren."

Natürlich wollte ich das. Wann erhält man schon die Möglichkeit, einen Ferrari zu pilotieren?

Am nächsten Tag bei Dienstbeginn musste ich mich beim Leitenden Polizeidirektor melden.

„Und?", fragte er mich. „Wer war das gestern mit dem Ferrari?"

Ich tat sehr dienstlich. „Herr Direktor", antwortete ich ihm, „es war ein V-Mann, der wichtige Informationen für mich hatte. Und ich habe ihm, wie üblich, absolute Vertraulichkeit zugesichert. Mehr kann ich nicht sagen, Herr Direktor."

Das war ein übliches Verfahren und der Leitende Polizeidirektor akzeptierte die Antwort.

„Dann gehen Sie an die Arbeit, Herr Reisky", meinte er.

Ich hätte ihm ja schlecht erklären können, dass wir nur eine Probefahrt unternommen hatten.

Die meisten Kollegen waren der Meinung, der rote Peugeot 205 GTi wäre mein Privatwagen, da ich grundsätzlich mit ihm zum Dienst kam, wenn das Wetter zum Motorradfahren nicht schön genug war.

Ich durfte den Wagen für die Fahrten von und zu unserer Wohnung nutzen, zumal ich regelmäßig abends dienstlich unterwegs war, um mich zum Beispiel mit Informanten zu treffen. Bei privaten Fahrten nutzte ich niemals den *roten Flitzer*, wie er von mir genannt wurde.

Im Hof des Präsidiums gab es eine Tankstelle für die Dienstfahrzeuge. Eines Tages sprach mich ein Kollege auf dem Flur an, nachdem ich den Peugeot gerade aufgetankt hatte.

„Lass dich bloß nicht dabei erwischen!", meinte er. „Die werfen dich wegen der paar Liter Benzin raus."

Ich klärte ihn auf und erntete erstaunte Blicke. Ich weiß nicht, ob er mir das glaubte oder ob er sich vergewissert hat, dass es tatsächlich ein Einsatzfahrzeug war.

Nach einer ganz speziellen Begebenheit musste ich eine lange Zeit spöttische Bemerkungen von Kollegen über mich ergehen lassen.

An einem Nachmittag marschierte eine Dame, die damals in einem bekannten Regensburger Bordell erfolgreich ihrer Tätigkeit nachging, in die Polizeiinspektion I. Sie trug extrahohe High Heels, die damals noch Stöckelschuhe hießen, einen gewagten Ausschnitt und einen extrakurzen Rock, der viel Bein zeigte.

„So, schöne Frau, womit kann ich Ihnen helfen?", wollte der uniformierte Kollege wissen.

„Ich möchte den netten Herrn Reisky sprechen", flötete sie.

(Noch wochenlang hieß es: „Ach, da kommt der **nette** Herr Reisky!")

„Um was geht es?", fragte der Kollege.

„Das kann ich nur dem Herrn Reisky sagen."

Er rief mich an und erklärte mir, eine Dame wolle mich sprechen. Mit Betonung auf **Dame**.

Was blieb mir anders übrig, als mich der Dame anzunehmen?

Ich kannte sie, hatte sie einmal vernommen, als wir in dem Bordell einen ihrer Kunden wegen des Verstoßes gegen das Betäubungsmittelgesetz verhaftet hatten.

Was die Dame mir jetzt vorschlug, ließ mich im ersten Augenblick sprachlos werden.

„Kannst du mich vielleicht in der nächsten Woche nach Holland begleiten?", fragte sie mich. Es folgte ein gekonnter Augenaufschlag.

„Und wieso?" Ich kapiere immer noch nicht, worauf sie hinauswollte.

„Ich meine", wieder ein Augenaufschlag, „wir können uns drei schöne Tage machen. Und ich kaufe dann etwas ein und dich wird man ja an der Grenze nicht kontrollieren, wenn du deinen Polizeiausweis vorzeigst."

Da wurde mir in meinem Büro vorgeschlagen, ich solle Rauschgift über die Grenze nach Deutschland schmuggeln. Quasi als Belohnung für *drei schöne Tage*.

Meinen ersten Gedanken, die Dame zu verhaften, verwarf ich sofort wieder. Sie hätte alles abgestritten oder ausgesagt, ich hätte *Gefälligkeiten* von ihr verlangt. Ich wählte also wohlgesetzte Worte, erklärte ihr, ich würde sowieso keinen Urlaub erhalten und meine Gattin wäre mit der ganzen Sache sicher nicht einverstanden … usw.

Die Dame verabschiedete sich und stöckelte hinaus. Ich habe sie übrigens nie wieder gesehen; soviel ich weiß, ist sie nach München gegangen, da sie dort mehr Geld verdienen konnte.

Und was ich an tollen Kommentaren von den netten Kollegen zu hören bekam, kann man sich sicher denken.

***

Nach einer der üblichen Morgenbesprechungen sagte mein Chef: „Komm mit in mein Büro, Hans. Ich habe eine Spezialaufgabe für dich."

„Um was geht es?", war meine Frage.

Der Chef öffnete einen dünnen Ordner. „Ein gewisser Daniel B. aus der Nähe von Roding sitzt in Salzburg in U-Haft. Die Österreicher haben ihn bei einem Einbruch erwischt und jetzt wartet er auf seinen Prozess. Er will unbedingt mit dir sprechen."

Der Name sagte mir überhaupt nichts. Ich hatte viel zu tun, wir waren für Einbrüche gar nicht zuständig und ich hatte absolut keine Lust, an einem Tag nach Salzburg und wieder zurückzufahren.

„Nein!", war meine Antwort. „Den kenne ich nicht und da soll sich das K21 drum kümmern."

„Du fährst. Das ist mit dem Leiter der KPI abgesprochen. Frau E. (eine unserer Sekretärinnen) fährt mit und führt das Protokoll."

Ehe ich noch widersprechen konnte, fuhr er fort: „Das ist ein dienstlicher Auftrag. Ihr fahrt, und zwar sofort!"

Drei Stunden später erreichten wir die Justizanstalt Salzburg, ein Gebäude aus der Zeit um 1900, das sich inmitten der Stadt Salzburg in baulicher Verbindung mit dem Landesgericht am Kajetanerplatz befindet. In Österreich werden die Justizanstalten im Allgemeinen *Häfen* genannt, so wie man in Deutschland oft *Knast* sagt.

Während der Fahrt überlegten die Sekretärin und ich, warum der junge Mann mich sprechen wollte, fanden aber keinen plausiblen Grund.

Ich stellte den Wagen auf einem Parkplatz für Justizfahrzeuge ab und wir klingelten an der Pforte. Man ließ uns ein, wir wiesen uns aus und sagten, wir wollten den U-Häftling Daniel B. sprechen.

Zu meinem großen Erstaunen war das problemlos möglich. Ein Formular ausfüllen und unterschreiben, Ausweis und Waffe abgeben. Niemand schien sich darum zu kümmern, dass ich als deutscher Kripo-Beamter in Österreich meinen Revolver mit mir führte. Anschließend brachte uns ein Justizmitarbeiter in einen typischen Vernehmungsraum, wie ich ihn auch von deutschen Haftanstalten her kannte: Kahle, fleckige Wände, zwei zerkratzte Tische, vier Stühle und zwei vergitterte Fenster unterhalb der Decke, aus denen man nicht hinaussehen konnte.

Die Tür öffnete sich und ein Justizmitarbeiter führte einen zierlichen, jungen Mann in Häftlingskleidung herein, den ich im ersten Augenblick auf vierzehn oder fünfzehn Jahre schätzte. Tatsächlich war Daniel B. neunzehn Jahre alt.

Der Junge setzte sich auf einen Stuhl und man ließ uns drei alleine. Hinter uns wurde quietschend der Schlüssel im Schloss gedreht.

„Sind Sie Herr Reisky?", wollte Daniel B. wissen.

„Ja, der bin ich. Und das ist Frau … Sie schreibt das Protokoll."

„Gott sei Dank", sagte der Junge. „Der … hat mir gesagt, Sie wären in Ordnung und man könne mit Ihnen reden."

Der Name, den er nannte, war mir bekannt. „Wo hat er das gesagt?"
„Hier. Der sitzt auch hier ein. Verstoß gegen BtMG."
„Gut. Und warum wolltest du mich sprechen?"
„Man hat mich hier in Salzburg bei einem Einbruch geschnappt. Bald findet mein Prozess statt und mein Verteidiger meinte, ich bekäme zwei bis drei Jahre ohne Bewährung, weil ich ein Messer beim Einbruch mitgeführt habe. Wenn Sie ein gutes Wort für mich einlegen, packe ich aus."

„Das werde ich tun. Aber dann will ich alles wissen."

Natürlich war das ein Schuss ins Blaue. Ich hatte keine Ahnung, ob einen österreichischen Staatsanwalt überhaupt ein *gutes Wort* eines deutschen Kriminalbeamten interessierte. Aber versuchen wollte ich es.

Und Daniel B. packte aus. Er gestand eine ganze Serie von Ein- und Aufbrüchen in Roding und in Ortschaften im Bayerischen Wald: Autoaufbrüche, bei denen er Stereoanlagen erbeutete, Einbrüche in Diskos, Gasthäuser und Wohnungen in Roding und Umgebung. Er wollte einfach reinen Tisch machen und ein anständiger Mensch werden. So erklärte er den Grund für sein Geständnis.

Noch am gleichen Tag erhielt ich einen Termin beim zuständigen Staatsanwalt, der sich alles anhörte und eine geringe Freiheitsstrafe in Aussicht stellte. Die U-Haft sollte angerechnet und der Rest zur Bewährung ausgesetzt werden. GleichzeitIG würde man Daniel B. nach Deutschland abschieben.

So geschah es dann auch. An der deutschen Grenze kam der jugendliche Straftäter sofort wieder in U-Haft. Später, im Prozess, wurden seine ausführlichen Aussagen vom Gericht mit Strafmilderung belohnt.

Insgesamt waren es um die fünfzig Straftaten, die in der Woche nach dem Geständnis aufgeklärt werden konnten.

Ich fuhr raus zu dem zuständigen Dienststellenleiter der PI Roding und übergab ihm alle Unterlagen und Ermittlungsergebnisse. Der Hauptkommissar strahlte über das ganze Gesicht.

„Das ist wie Weihnachten!", freute er sich. „Bisher haben wir noch keinen Fall der Diebstahlserie aufklären können und nun gibt es mit einem Mal eine Aufklärungsquote von einhundert Prozent."

Er schüttelte mir die Hand. „Ich werde dich beim Präsidenten für eine Belobigung vorschlagen."

Ich erhielt die nächste Belobigung, die in meine Personalakte eingetragen wurde. Belobigungen zahlten sich bei Beurteilungen positiv aus. Und gute Beurteilungen waren wichtig für mögliche Beförderungen oder die Chance für den Aufstieg in den gehobenen Dienst zu erhalten.

***

Am 9. November 1989 öffnete die DDR ihre Grenzen und die DDR-Bürger durften endlich in den Westen reisen. Gleichzeitig demonstrierten auch Bürger der CSSR am 16. November 1989 in Bratislava und am 17. November in Prag für Freiheit und mehr Demokratie. In der CSSR begann die *Samtene Revolution*. Bereits ab dem 5. Dezember 1989 wurde damit begonnen, die Sperranlagen zur Republik Österreich und ab dem 11. Dezember auch die Grenzbefestigungen an der Grenze zu Bayern abzubauen.

Die Leute, die dann über die offenen Grenzen nach Westeuropa strömten, waren nicht nur Touristen. Sofort erkannten Ganoven aller Couleur, dass sich im Westen Geld verdienen ließ. Vor allem Waffen, andere militärische Gegenstände und auch Rauschgift fanden ihren Weg, vorbei an den überforderten Grenzbeamten, nach Westeuropa.

Über einen V-Mann, der im Grenzgebiet zur CSSR wohnte, hatten Beamte einer speziellen Ermittlungsgruppe OK (Organisierte Kriminalität) die Information erhalten, dass zwei Tschechen eine größere Menge Semtex (ein Plastiksprengstoff, hergestellt in der CSSR) zum Verkauf anboten.

Ein Verdeckter Ermittler (VE) gab sich als Kaufwilliger aus und erhielt die Zusage, man würde ihm für 100.000 DM (!) zwanzig Kilo *Semtex* verkaufen. Die Tschechen und der V-Mann vereinbarten in der zweiten Dezemberwoche die Übergabe des Sprengstoffs gegen Geld am *Euro Rastpark* (Autohof) an der Ausfahrt Regensburg Ost.

Von der Ermittlungsgruppe OK wurden wir um Amtshilfe gebeten und darauf hingewiesen, dass einer der Tschechen ein äußerst gefährlicher Mann sei. So fiel mir die Aufgabe zu, diesen Mann zu verhaften.

Der zweite Beamte, der an dem Einsatz teilnahm, war Kollege S., der sein Praktikum beim K14 machte und relativ wenige Erfahrungen bei einem Einsatz als VE besaß. Ihm fiel die Aufgabe zu, sich um den zweiten Tschechen zu kümmern und ihn zu verhaften.

Vom hinteren Teil des Parkplatzes aus ließ sich die Einfahrt zum Rastplatz gut überwachen. Ich parkte meinen Peugeot an einer Seite der letzten Parkreihe, mein Kollege seinen zivilen Passat an der entgegengesetzten Seite. Es war mit dem VE vereinbart worden, auf ein bestimmtes Zeichen hin loszufahren, den Wagen der Tschechen zu blockieren und dann die Männer zu verhaften. Es gab verschiedene Zeichen für *Zugriff*, die von Fall zu Fall abgesprochen wurden. Das Öffnen des Kofferraumdeckels (vordergründig um Rauschgift im Kofferraum zu wiegen) war eine Möglichkeit, um *Zugriff* zu signalisieren.

Wir verwandten für diesen Zugriff ein relativ neues elektronisches Zeichen. Es wird heute noch benutzt, darum darf ich es nicht näher beschreiben.

Nach einer guten Stunde zermürbenden Wartens rollte ein BMW mit tschechischen Kennzeichen auf den Parkplatz. Ich war sehr überrascht über den BMW, hatte eigentlich einen Skoda oder Lada erwartet. Die Tschechen mussten wirklich gute Geschäfte machen, wenn sie sich vier

Wochen nach der Öffnung der Grenzen schon einen BMW leisten konnten.

Der Fahrer drehte eine Runde und stoppte in der Nähe eines Kadett GSI mit Landshuter Kennzeichen. In dem Wagen, das wussten wir, saß der verdeckte Ermittler. Der stieg aus und ging betont lässig auf den BMW der Tschechen zu. Wir kannten den Kollegen nicht und hätten ihn für alles gehalten, bloß nicht für einen Kripo-Beamten. Er war mittelgroß, in den Vierzigern, besaß schwarze, nackenlange, nach hinten gekämmte Haare und schob einen ansehnlichen Bauch vor sich her. Vom Aussehen her hätte er als Wirt einer Pizzeria durchgehen können.

Der Tscheche, der auf dem Beifahrersitz saß, stieg aus und ließ den VE einsteigen. Die beiden unterhielten sich einen Moment, dann richtete sich der Tscheche auf. Er war gut zwei Meter groß, ein bulliger Typ mit mächtigen Oberarmen. Er trug einen Trainingsanzug einer bekannten deutschen Sportmarke und Armeestiefel. Eine merkwürdige Kombination!

Mir war sofort klar, den musste ich schnell auf den Boden zwingen und durfte mich nicht auf ein Gerangel oder eine Schlägerei mit dem Typen einlassen.

Das elektronische Signal zum Zugriff ertönte. Ich startete meinen Wagen und rollte los. Ganz ruhig, so wie jemand, der nach einer Pause zurück auf die Autobahn fahren wollte. Rechts hörte ich einen Motor aufheulen und Reifen quietschen. Mein Kollege gab Vollgas, beschleunigte und hielt auf den BMW der Tschechen zu, ohne nach links oder rechts zu schauen. Er kam direkt auf mich zu. Ich musste abbremsen, riss das Lenkrad rum und der Passat schoss einen Meter an meinem Wagen vorbei.

Jetzt blieb mir nichts anderes übrig, als auch zu beschleunigen. Zwei Sekunden später bremsten wir gleichzeitig neben dem BMW ab und sprangen aus unseren Fahrzeugen.

Der hünenhafte Tscheche hatte anscheinend gar nichts von unserem privaten Rennen mitbekommen. Er stand neben der Beifahrertür, hielt einen Plastikbeutel in der Hand und zählte. In dem Beutel befanden sich 1000-DM-Scheine. Hundert Stück, wie wir später feststellten.

Ich sprang ihn an, brachte ihn zu Fall und versuchte, den Mann mit einem Judo-Haltegriff unter Kontrolle zu bekommen. Er wehrte sich mit aller Kraft und erst nachdem ich erfolgreich einen sehr schmerzhaften Armhebel ansetzen konnte, endete seine Gegenwehr. Kollege S. kam mir zu Hilfe, während der VE den Fahrer des Wagens unter seine Kontrolle brachte und ihn mit Handschellen ans Lenkrad fesselte.

Der Hüne brüllte ununterbrochen etwas auf Tschechisch und ich ging davon aus, dass er mich mit Kraftausdrücken beschimpfte. Das interessierte mich wenig, denn ich verstand ihn ja nicht. Zusammen gelang es uns, den Mann auf den Bauch zu drehen und ihm die Hände hinter dem Rücken zu fesseln. Zum Schluss zog ich ihm seine Jacke über den Kopf, damit er nicht sehen konnte, was um ihn herum passierte. Mein Kollege blieb neben dem Gefesselten stehen und zielte mit seiner Waffe auf ihn.

Das war eine riskante Aktion gewesen. Niemand wusste, ob und wie die Tschechen bewaffnet waren und ob sie nicht den Sprengstoff mit einem Zünder versehen hatten.

Zuerst sicherte ich die Plastiktüte mit dem Geld, die neben der Beifahrertür auf dem Boden lag. Später zählten wir es und zum Glück befand sich noch die gesamte Summe in der Plastiktüte.

Der VE stieg aus und sagte: „Schauen wir uns den Sprengstoff an."

Wir liefen zum Heck des BMW und der VE öffnete den Kofferraum. In einem stabilen Pappkarton befanden sich zwanzig kissenförmige Päckchen mit einem ockerfarbenen Sprengstoff: Semtex H.

„So ist das Zeug harmlos", sagte der VE. „Da kannst du mit dem Hammer draufschlagen. Es passiert nichts, solange man keine Zündkapsel hineinsteckt. Nur die Dämpfe, die das Zeug ausgast, sollte man nicht einatmen. Man bekommt starke Kopfschmerzen davon."

Ich hatte auch gar nicht vor, an dem Teufelszeug zu schnüffeln.

Der VE packte sich den Karton unter den Arm und ging zu seinem Wagen hinüber. Dort verstaute er die Kiste in den Kofferraum des GSI. „Ich fahre zum Präsidium", sagte er.

Mittlerweile war die angeforderte Verstärkung, vier uniformierte Kollegen in zwei Streifenwagen, eingetroffen und wir verfrachteten den immer noch schimpfenden Hünen in den einen Streifenwagen. Ein Abschleppwagen erschien, um den BMW zur Untersuchung in die Werkstatt zu bringen, und der andere Tscheche fand sich in Handschellen auf dem Rücksitz des zweiten Streifenwagens wieder.

In der Dienststelle stellten wir bei der Durchsuchung der beiden Tschechen Geld in unterschiedlichen Währungen im Wert von rund 10.000 DM sicher.

Der VE erhielt sein Geld zurück und der Sprengstoff kam später zur Untersuchung ins LKA nach München.

Woher das Semtex stammte, konnte nie geklärt werden. Verwendet wurde es überall dort, wo man sprengen musste, und natürlich auch beim Militär. Außerdem waren Tonnen des Plastiksprengstoffs in Länder verkauft worden, die mit Staaten des Warschauer Pakts zusammenarbeiteten.

Der Preis von 100.000 DM für den Sprengstoff war völlig überhöht. In der CSSR gab die Herstellerfirma Semtex zum Preis von umgerechnet 10 DM bis 15 DM pro Kilogramm an Steinbrüche und Straßenbauunternehmungen ab.

Am nächsten Tag, bei der Besprechung des Falls, berichtete mir unser Chef, dass der Tscheche sich im Gefängniskrankenhaus befände.

Ich hatte ihm mit dem Armhebel die Schulter ausgekugelt. Und er hatte mich nicht beleidigt, sondern geschrien: „Du hast mir den Arm gebrochen!"

Der Tscheche erhielt eine Freiheitsstrafe von vier Jahren und wurde nach der Verbüßung eines Teils der Strafe in die Tschechische Republik abgeschoben. Der Fahrer des BMW erhielt, soweit ich mich erinnere, eine Bewährungsstrafe und wurde sofort abgeschoben.

***

Im Jahr 1990 bekam ich es mit einem Mann zu tun, der als einer der gefährlichsten und brutalsten Großdealer der Regensburger Drogenszene galt.

D., ein Kroate, hatte acht Jahre bei der Fremdenlegion gedient und rühmte sich damit, eine große Anzahl von Gegnern getötet zu haben. Er führte immer ein scharfes Messer mit sich und wir gingen davon aus, dass er auch Schusswaffen besaß. Angeblich hatte er in seiner Heimat zwei Männer getötet, war geflohen und in die Fremdenlegion eingetreten. Nach der Entlassung aus der *Légion étrangère* lernte er eine Frau aus Regensburg kennen und wohnte seitdem bei ihr.

In der Szene bezeichnete man ihn als die *Killermaschine* und alle hatten höllische Angst vor dem Mann. D. kannte seinen Ruf und nutzte ihn, seinen Einfluss in der Drogenszene zu stärken und einen zunehmend größeren Teil des Handels zu kontrollieren.

Mustafa, ein Iraner, der mit Drogen handelte, erhielt von D. eine größere Menge Kokain, das er an Kleindealer weiterverkaufen sollte. Aus Geldgier unterschlug er einen Teil des Rauschgifts und glaubte wohl, bei D. damit durchzukommen. Aber der Kroate konnte es sich nicht leisten, so etwas durchgehen zu lassen, und stellte dem Iraner eine Falle. Zusammen mit einem Italiener überredete er den Iraner, mit ihnen in ein Waldstück bei Holzheim a. F. (Landkreis Regensburg) zu fahren, um dort Rauschgift aus einem Erddepot zu holen.

Was dort in dem kleinen Waldstück passierte, konnte später genau rekonstruiert werden.

Der Kroate zog plötzlich ein Pistole, richtete diese auf den Iraner und sagte: „Du hast mich betrogen und ich werde dich jetzt erschießen."

Mustafa fiel auf die Knie, bettelte um sein Leben und flehte den Italiener an, sich für ihn einzusetzen.

D. schoss ihm in den Kopf. Der Schuss war nicht tödlich und Mustafa gelang es noch aufzustehen und ein paar Meter zu laufen, bevor er von dem Kroaten durch Schüsse in den Rücken ermordet wurde.

„Wenn du ein Wort sagst, geht es dir genauso!", waren die Worte, die der Italiener zu hören bekam. Der Besitzer einer Pizzeria, ein kleiner, schmächtiger Mann aus dem Süden Italiens, ein Kleindealer, in dessen Restaurant oft Geschäfte getätigt wurden, bekam nun panische Angst vor dem Mörder.

Unser Kommissariat erhielt von dem Italiener Informationen über diesen Mord. Weil ich den Kroaten kannte, übergab mir der Chef den Fall.

D. war wirklich mit Vorsicht zu genießen. Ich hatte ihn mehrfach vernommen, auch schon durchsucht, aber nie etwas wirklich Belastendes gegen ihn in der Hand gehabt. Ich wusste, dass er einer der großen Drogendealer war, aber *wissen* und *beweisen können* sind zwei unterschiedliche Dinge. Der Mann war nicht sehr groß, zirka eins siebzig, vierschrötig, mit dicken Muskelpaketen an Oberarmen und Schultern. Er beherrschte Nahkampftechniken und war stark wie ein Bulle.

„Wie und wann nehmen wir ihn fest?", fragte ich bei der morgendlichen Dienstbesprechung in die Runde.

Der Chef überlegte. „Du hast selbst gesagt, der Typ sei brandgefährlich. Ich setzte mich mit dem SEK Nürnberg in Verbindung. Die sollen ihn festnehmen."

Die Beamten vom SEK (Sondereinsatzkommando) war speziell darin geschult, als besonders gefährlich geltende Verbrecher zu überwältigen und festzunehmen.

„Und du bist ihr Verbindungsmann. Du kennst dich hier aus."

Das war eine vernünftige Entscheidung des Hauptkommissars.

D. wohnte bei seiner Freundin in der Nähe der Donaustaufer Straße und ein Zugriff in der Wohnung erschien uns mehr als problematisch.

Zum einen konnte der Kroate die Frau als Geisel nehmen, zum anderen hieß es, er sei schwer bewaffnet. Und auf eine Schießerei in einem Wohnhaus konnten wir uns nicht einlassen.

Die SEK-Beamten erschienen am nächsten Tag und ich wies sie in die Örtlichkeiten ein. In einem Haus gegenüber war vom Hausbesitzer der Polizei eine konspirative Wohnung zur Verfügung gestellt worden und von dort aus überwachte man rund um die Uhr die Wohnung, in der D. wohnte.

Auch die Entscheidung der SEK-Leute war eindeutig: kein Zugriff in der Wohnung.

„Wir nehmen ihn fest, wenn er das Haus verlässt", entschied der Leiter der SEK-Einheit.

Als zuständiger Beamter des K14 nahm ich an den Observierungen teil und bald war ein Tagesablauf des Mörders zu erkennen. Er schlief morgens lange und verließ erst gegen 15.00 Uhr die Wohnung, um zu seinem Wagen zu gehen, der in einer Garage an der Donaustaufer Straße stand. Anschließend widmete er sich seinen Geschäften.

Am Morgen des dritten Tages entschied der Einsatzleiter bei der Besprechung: „Heute greifen wir zu!"

Ich war beeindruckt, wie professionell die Verteilung der Aufgaben für diese Verhaftung ablief. Das war kein Wunder. Ein großer Teil des Trainings der SEK-Beamten bestand aus Observationen und der Verhaftung von bewaffneten oder als gefährlich eingestuften Gewalttätern.

Gegen 13.00 Uhr, als in der Wohnung der Frau die Rollladen hochgezogen wurden, bezogen die Polizisten, die die Verhaftung durchführen sollten, ihre Posten. In einem unauffälligen Lieferwagen mit dem Aufdruck einer Heizungsfirma saßen der Einsatzleiter, zwei Kollegen vom SEK und ich. Wir drei sollten von vorne auf D. zugehen.

Ein Verteilerkasten der Post war geöffnet worden und dort arbeiteten zwei Männer in Overalls, die in einem echten Wagen der Deutschen

Bundespost gekommen waren. Im Vorgarten des Hauses, in dem sich die konspirative Wohnung befand, schnitten zwei Arbeiter Sträucher und Bäume. Zusätzlich parkten zwei zivile Einsatzfahrzeuge mit je einem Beamten an beiden Enden der Straße, die bei Bedarf eingreifen konnten.

Pünktlich um 15.00 Uhr verließ der Kroate das Haus. Er war zum Glück alleine und nicht in Begleitung seiner Freundin. D. schien völlig ahnungslos zu sein und drehte sich verblüfft um, als die beiden „Techniker der Post" ihn auf Höhe des Lieferwagens plötzlich von hinten ansprachen. Im selben Augenblick stürmten wir drei aus dem Lieferwagen und zwei Sekunden später lag der Kroate auf dem Boden und bekam Handschellen verpasst. Er war gar nicht dazu gekommen, Widerstand zu leisten. Bei der Durchsuchung fanden wir tatsächlich eine geladene Pistole und ein scharfgeschliffenes Klappmesser.

Der Italiener wurde von uns zwei Tage später verhaftet. Die Anklage lautete auf Drogenhandel und -besitz und Beihilfe zum Mord. Er kam bis zum Beginn des Prozesses in U-Haft. Beim Prozess sagte er gegen den Kroaten aus, der zu lebenslanger Haft verurteilt wurde. Im Rahmen der Kronzeugenregelung verurteilte das Gericht den Italiener zu einer zweijährigen Freiheitsstrafe auf Bewährung.

Noch im Gerichtssaal schrie der Kroaten, den Kronzeugen an, er werde ihn hinrichten, und wenn er es nicht selbst machen könne, würden seine Freunde sich um ihn kümmern.

Soweit mir bekannt ist, setzte sich der Italiener sofort nach seiner Freilassung aus Deutschland ab.

Jahre später kehrte er zurück nach Regensburg und er führt heute wieder eine Pizzeria in der Domstadt.

***

Es war nicht so, dass ich als Rauschgiftfahnder ausschließlich mit Rauschgift zu tun hatte. Nicht selten wurde ich einer SoKo zugeteilt oder musste bei anderen Kommissariaten aushelfen, wenn bestimmte Kenntnisse oder Fähigkeiten gefragt waren oder Personalnot herrschte. Ein typisches Beispiel dafür war die Verhaftung eines Räubers in der Schweiz.

Bei einem bewaffneten Raubüberfall in Dresden erbeutete ein Mann, Peter G., fast 50.000 DM. Als er bemerkte, dass die sächsische Polizei ihm auf der Spur war, flüchtete er in einen kleinen Ort im Bayerischen Wald, in dem seine Freundin wohnte. Bei der zog er ein. Er dachte wohl, er könne sich an der Grenze zur ehemaligen CSSR gut verstecken und dort würde niemand nach ihm suchen. Die Waffe hatte Peter G. bei seiner Flucht in der Nähe von Chemnitz, nahe der Stadt Lichtenwalde, in den Fluss Zschopau geworfen. Die Kripo Regensburg erhielt ein Ersuchen auf Amtshilfe von den Dresdener Kollegen und die suchten den Mann in dem kleinen Ort im Bayerischen Wald auf. Peter G. konnte ihnen ein Alibi vorweisen und die Kripobeamten aus Regensburg fuhren zurück in ihre Dienststelle. Dort stellte sich nach Rücksprache mit der Kripo Dresden schnell heraus, dass das Alibi falsch war.

Man wollte den Räuber verhaften, aber der hatte bereits das Weite gesucht. Vorausgegangen war ein Streit zwischen ihm und seiner Freundin. Hals über Kopf flüchtete Peter G. in die Schweiz. Dort zog er bei einer neuen Freundin in deren Bungalow ein.

Während der üblichen Morgenbesprechung erschien der Leiter der KPI und fragte mich, ob ich gewillt wäre, mit einem Kollegen vom K21 in die Nähe der Schweizer Grenze zu fahren.

„Und was sollen wir dort?", wollte ich wissen.

„Ihr sollt einen gesuchten Räuber nach Deutschland locken und ihn verhaften."

Dann erzählte er mir die ganze Geschichte.

Im ersten Augenblick war ich sprachlos. „Du meinst, wir sollen ihn anrufen, ihn bitten, mal eben nach Deutschland zu kommen, weil wir mit ihm was zu bereden hätten. Und wenn er kommt, dann verhaften wir ihn."

„Genau das meine ich", war die Antwort des Kripo-Chefs. Er klopfte mir auf die Schulter. „Lass dir einfach etwas einfallen."

„Gut. Das werde ich."

Was sollte ich sonst sagen? Es war absurd zu glauben, dass Peter G. nach einem Telefonat mit einem ihm Unbekannten mal eben nach Deutschland kommt und sich dort festnehmen lässt. So dumm konnte der doch gar nicht sein. Aber was hatte der Leiter der KPI gesagt: „Lass dir einfach etwas einfallen."

Das genau hatte ich vor.

Eine Stunde später war ich mit Kurt, dem Kollegen vom K21, unterwegs in Richtung deutsch-schweizer Grenze bei Basel. Über Nürnberg ging es bis kurz vor Hockenheim, dann bogen wir nach Süden ab, fuhren parallel zum Rhein bis Weil am Rhein. Wir hatten Glück. Auf den Autobahnen herrschte normaler Verkehr und nach etwas mehr als fünf Stunden lag die Schweizer Grenze vor uns. Ich verließ die A5 und hielt an einem Autohof an, wo wir eine Pause einlegten, etwas aßen und tranken.

„Was machen wir jetzt?", fragte Kurt. „Sollen wir wirklich versuchen, ihn anzurufen? Oder …?"

„Ich bin für das *Oder*, Kurt. Wir fahren rüber, schnappen uns den Mann, packen ihn ins Auto und es geht zurück nach Regensburg. Ganz einfach."

Kurt schaute mich mehr als skeptisch an. „Wir fahren ohne Erlaubnis in einem Dienstwagen über die Grenze. Wir führen unsere Waffen mit. Wir dringen in ein Haus ein, verhaften den Mann und bringen ihn außer Landes. Das ist …"

Ich zuckte mit den Schultern.

Er zählte auf: „Unerlaubter Grenzübertritt, Schmuggeln einer Waffe in die Schweiz, unerlaubtes Führen einer Waffe in der Schweiz, Hausfriedensbruch, Amtsanmaßung und vielleicht Entführung und Körperverletzung. Weiterhin verstoßen wir wahrscheinlich noch gegen ein paar eidgenössische Gesetze, von deren Existenz wir keine Ahnung haben."

Kurt holte tief Luft, ließ seine Aufzählung wirken und fuhr fort: „Man verhaftet uns, konfisziert deinen Dienstwagen und unsere Waffen, verurteilt uns zu zwei Jahren und schiebt uns später nach Deutschland ab. Wir werden aus dem Dienst entlassen und suchen uns dann einen Job als Fahrer eines Geldtransporters oder als Security-Mitarbeiter. Tolle Idee!"

„Genau so ist es!", sagte ich. „Wie weit ist es übrigens bis zu dem Kaff, in dem der Mann wohnt?"

Kurt schaute auf die Landkarte. „Knapp achtzig Kilometer."

„Hast du die genaue Adresse?"

„Sicher." Kurt schaute in sein Notizbuch. „Das ist in der Nähe von Solothurn."

„Fahren wir."

Wir tranken unseren Kaffee aus und fuhren zurück auf die Autobahn. Wenige Minuten später rollten wir über die Grenze. Die Beamten des Schweizer Grenzwachtkorps hatten nur einen Blick auf unsere Personalausweise geworfen und uns gelangweilt durchgewinkt. Wir benötigten eine gute Stunde, bis wir den Weiler in der Nähe von Solothurn erreichten.

Der Bungalow, in dem Peter G. wohnte, lag am Ende einer Sackgasse. Als wir auf der gegenüberliegenden Straßenseite anhielten, öffnete sich die Haustür und eine Frau kam heraus. Ihr folgte ein Mann, der der Frau einen Kuss gab. Sie winkte ihm noch einmal zu und lief zur Garage, die rechts neben dem Haus lag. Kurz darauf fuhr sie mit einem großen Wagen italienischer Produktion davon.

„Das war unser Mann", sagte Kurt und zeigte mir ein Bild. „Eindeutig."

„Und die Frau ist zur Arbeit gefahren", vermutete ich. „Es ist 16.30 Uhr und sie beginnt um 17.00 Uhr mit ihrer Arbeit. Wir klingeln und packen ihn uns."

„Wenn du meinst." Kurt zuckte mit den Schultern. „Wollen wir nicht hoffen, dass die Schwiegermutter zuhause ist."

Ich startete den Wagen, bog in die Einfahrt des Hauses ein und parkte vor der Garage. Nach dem Klingeln wurde die Tür sofort geöffnet. Peter G. schien mitbekommen zu haben, dass ein fremdes Auto vor der Garage angehalten hatte und stand wohl bereits im Hausflur, um den Besuchern die Tür zu öffnen.

„Wer sind Sie?", fragte er. Sein sächsischer Tonfall war nicht zu überhören.

„Kriminalpolizei. Herr G, wir müssen mit Ihnen reden."

Kurt zeigte dem überraschten Mann seinen Dienstausweis. Auch ich wies mich aus.

„Kommen Sie rein."

Wir folgten Peter G. in das Wohnzimmer und dort erklärte ihm Kurt, dass er verhaftet sei und wir ihn nach Regensburg bringen würden. Er zeigte dem Räuber den rosa Zettel.

„Wo haben Sie die Waffe und das Geld versteckt?"

Peter G. schüttelte den Kopf. „Die sind nicht hier."

„Sie haben nichts dagegen, dass ich mich umsehe?", fragte ich. „Und haben Sie ein eigenes Zimmer?"

„Ja. Da rechts. Die zweite Tür."

In dem kleinen Zimmer standen nur ein paar Möbel: Schreibtisch, Bürostuhl, ein Kleiderschrank, ein schmales Einzelbett und ein Sideboard. Auf dem Kleiderschrank lag ein Koffer, den ich öffnete und auf das Bett legte. Ich benötigte nicht lange, um mich gründlich umzuschauen. Es war nichts zu finden.

Ich ging zurück ins Wohnzimmer und sagte: „Nichts."

„Packen Sie Ihre Sachen. Sie kommen sofort mit." Kurt wedelte mit den Handschellen. „Wenn Sie kooperieren, können wir darauf verzichten."

Eineinhalb Stunden später erreichten wir die Grenze. Peter G. saß auf der Rückbank und hatte bis dahin noch kein Wort gesagt.

„Was machst du, wenn er schreit …", Kurt zeigte mit dem Daumen nach hinten, ‚*Hilfe, ich werde entführt!*' Gibst du Vollgas und braust durch?"

„Darüber mache ich mir Gedanken, wenn es soweit ist."

Jetzt winkten uns die Schweizer Grenzer ohne Kontrolle durch. Beim deutschen Zoll zeigte ich unsere Dienstausweise her und wir konnten sofort weiterfahren.

Auf dem Hinweg hatte ich den Wagen beim Autobahnpolizeirevier Karlsruhe vollgetankt. Das ging völlig problemlos: Ausweis und Fahrzeugpapiere vorzeigen, Formular unterschreiben und das Geld wurde vom Freistaat Bayern nach Baden-Württemberg überwiesen.

„Wir müssen tanken", sagte ich, als wir auf der A6 das Schild *Willkommen im Freistaat Bayern* erblickten.

Mit den letzten Litern Benzin erreichten wir Ansbach und fuhren dort zur PI. Ich klingelte und zeigte meinen Ausweis vor. „Ich muss tanken."

Der Kollege, ein Oberkommissar, beäugte mich sehr misstrauisch. „Wo haben Sie den Ausweis geklaut?", fragte er.

Auf dem Bild waren meine Haare noch deutlich kürzer.

Erst als Kurt auch seinen Ausweis aus der Tasche zog und den Haftbefehl vorzeigte, glaubte der Oberkommissar uns, dass wir Polizisten waren und einen Verhafteten überführten. Dann tauchte das nächste Problem auf.

„Tut mir leid", sagte er. „Aber ich darf nur Dienstwagen auftanken, keine Privatfahrzeuge."

„Das ist ein Dienstwagen."

„Wirklich?"

Ich zeigte ihm mein Autotelefon (für einen Privatmann damals kaum zu bezahlen), das eingebaute Aufnahmegerät und das Blaulicht. Jetzt glaubte er mir und ich durfte endlich auftanken.

Auf den letzten hundertfünfzig Kilometern wurde Peter G. gesprächig. Er wollte genau wissen, was mit ihm jetzt passieren würde. Und ob er eine geringere Strafe bekäme, wenn er reinen Tisch machte.

Das versprachen wir ihm. Wir erfuhren, dass er das Geld im Garten des Hauses seiner ehemaligen Freundin vergraben hatte. Und die Waffe läge in einem Fluss. Er beschrieb genau die Stelle, an der er sie hineingeworfen hatte.

Es war mitten in der Nacht, als wir in Regensburg ankamen. Peter G. musste den Rest der Nacht in einer Zelle verbringen, während ich mich zuhause für ein paar Stunden aufs Ohr legte.

Am nächsten Morgen informierte Kurt die Kollegen in Chemnitz. Die versprachen, nach der Waffe zu suchen. Anschließend fuhren zwei Beamte vom K21 zu dem kleinen Ort, in dem das Haus der ehemaligen

Freundin des Räubers stand, und gruben an der beschriebenen Stelle direkt neben dem Kompostbehälter. Sie fanden das Geld nach wenigen Spatenstichen und brachten es nach Regensburg.

Kurt und ich mussten uns beim Präsidenten melden und beichten, was wir angestellt hatten.

„Ist der Täter freiwillig mitgekommen oder haben Sie Zwang anwenden müssen?", wollte der Direktor wissen.

„Absolut freiwillig", antwortete Kurt. „Wir hätten in der Schweiz keinen Zwang anwenden dürfen."

Ein wenig mulmig war uns schon, als uns der Präsident im Beisein des Leiters der KPI lange prüfend anschaute.

„Meine Herren …"

„Jetzt kommt der große Hammer!", dachte ich. „Wir erhalten einen Tadel oder sogar eine Disziplinarstrafe."

„… ungewöhnliche Aufträge erfordern ungewöhnliche Maßnahmen. Und der Zweck heiligt die Mittel. Das haben Sie gut gemacht! Die Dienstreise wird nachträglich in dieser Form genehmigt. Und jetzt zurück an die Arbeit!"

Wir marschierten aus dem Büro des Präsidenten und atmeten erst einmal tief durch.

Die 50.000 DM wurden an ihren Besitzer zurückgegeben. Trotz des Einsatzes von Tauchern fand man die Waffe nicht. Peter G. überstellte man nach Dresden, wo ihm der Prozess gemacht wurde. Sicherlich hat der Richter das umfassende Geständnis und die *freiwillige* Rückkehr nach Deutschland bei der Urteilsfindung berücksichtigt.

Kurt und ich erhielten jeder eine Belobigung des Präsidenten.

***

Im Herbst 1990 kam es zu einem Einsatz in Regensburg, zu dem Beamte des LKA hinzugezogen wurden. Ein V-Mann, der mich vor einiger

Zeit mit einer falschen Information gelinkt hatte, wollte wohl wieder mein Wohlwollen erringen und rief mich an. Ein junger Türke, so erzählte er, böte mehrere hundert Gramm Heroin in der Szene an und er würde es für uns ankaufen.

Der Türke stand wegen Verbreitens von Falschgeld auf der Fahndungsliste. Die Beamten vom K23 (Falschgeld) wussten, wo er sich aufhielt und wollten ihn unbedingt verhaften, zumal das LKA involviert war. Das geschah standardmäßig, wenn es sich um mehr als ein paar gefälschte Münzen oder einen oder zwei falsche Scheine handelte. Aber in diesem Fall ging es um mehr als um ein paar Münzen oder ein oder zwei gefälschte Fünfziger. Der Mann hatte eine größere Menge Falschgeld verbreitet und darauf standen mindestens fünf Jahre Gefängnis.

Ich besprach mich mit den Kollegen vom K23 und dem zuständigen Staatsanwalt. Ihn konnte ich davon überzeugen, den Türken nicht sofort verhaften zu lassen, sondern erst nach dem Deal mit dem Heroin.

Wegen der Menge an Rauschgift, um die es hier ging, wurde vom Leiter K14 das LKA eingeschaltet. Fahnder aus München wollten den Deal beobachten und beim Zugriff anwesend sein.

Der V-Mann versprach mir hoch und heilig, dass dieses Mal alles mit rechten Dingen zugehen würde, und ich beauftragte ihn, bei dem Dealer zweihundert Gramm Heroin zu bestellen.

„Und wenn du mich wieder versuchst zu linken", erklärte ich dem V-Mann am Telefon, „lass ich dich hochgehen. Ich habe genug gegen dich in der Hand."

An einem Freitagabend (einigen Kollegen passte der Termin gar nicht, sie wollten ins wohlverdiente Wochenende) sollte die Übergabe auf dem Parkplatz vor dem Stammlokal des Türken stattfinden. Das Stammlokal lag genau gegenüber der PI am Jakobstor und von dort aus ließ sich der Übergabeort gut überblicken. Die Leute vom LKA schüttelten den Kopf. Wie konnte ein Dealer so dumm sein, direkt gegenüber einer Polizeidienststelle einen Deal abzuwickeln?

„Na, hoffentlich verarscht uns dein V-Mann nicht", sagte die Oberkommissarin zu mir. Sie war die einzige Frau unter den LKA-Leuten.
Dann verschwanden die Leute vom LKA in der beginnenden Dämmerung dieses feuchten und kühlen Herbstabends und nahmen ihre ausgewählten Beobachtungsposten ein.

Der V-Mann und der Türke, der einen alten, heruntergekommenen Ford fuhr, erschienen gleichzeitig und parkten nebeneinander vor dem Lokal. Als Zeichen für den Zugriff war ausgemacht worden, dass der V-Mann das Fahrerfenster seines Wagens runterkurbelte. Das war das Zeichen für uns, der Türke habe ihm das Päckchen mit dem weißen Pulver gezeigt.
Nach einem Moment ging an der Fahrerseite das Fenster runter. Ich sprintete über die Straße, riss die Fahrertür des Wagens auf und zog den Türken mit einem kräftigen Ruck heraus. Der sträubte sich mit aller Kraft und ich hatte noch nie bei einem Zugriff mit so viel Gegenwehr zu tun gehabt.
Es gab einen heftigen Kampf, bis es mir gelang, einen Armhebel anzusetzen. Normalerweise ist dieser Hebel so schmerzhaft, dass jeder sofort aufgibt. Aber der Türke gab erst auf, als ich ihm dabei den Arm brach. Außerdem erlitt er eine stark blutende Platzwunde am Kopf, die genäht werden musste.
Später warfen mir Kollegen vor, ich hätte überreagiert. Aber kurz vorher war ein Kriminalpolizist bei einem Zugriff erschossen worden und es war bekannt, dass der Türke eine Waffe besaß. Und ich hatte auf keinen Fall vor, mich auch erschießen zu lassen!
Nach der Fesselung wurde der Mann von herbeigeeilten Kollegen abgeführt und ich suchte in seinem Auto nach dem Heroin. Nichts! Kein Heroin war zu finden! Aber zwischen den Vordersitzen des BMW steckte eine geladene Pistole. Da hatte ich Glück gehabt, dass er sie nicht mehr hatte ziehen können.
Mein erster Gedanke war: „Der V-Mann hat mich wieder gelinkt!"

Meine Wut auf ihn wuchs und ich nahm mir vor, ihm jetzt zu zeigen, wie der Hase lief.

„Suchst du etwas?", fragte mich eine Frauenstimme.

Ich drehte mich um. Es war die Kollegin vom LKA.

„Wenn du das Heroin suchst – das haben wir bereits sichergestellt. Ein Kollege ist mit dem Stoff auf den Weg ins Präsidium. Dein V-Mann wurde auch verhaftet und nachher lassen wir ihn frei."

Mir fiel ein dicker Stein vom Herzen.

„Mein Kompliment!", fügte die Kollegin hinzu. „Ein guter, erfolgreicher Zugriff."

Ihr Lob tat mir gut.

Die zuständige Strafkammer verurteilte den Türken zu einer hohen Freiheitsstrafe.

Der V-Mann erhielt eine beträchtliche Belohnung (Einsatz gegen einen bewaffneten Täter, erhebliche Menge Heroin …).

Ich habe nie wieder mit ihm zusammengearbeitet.

***

Es war in meinem letzten Jahr als uniformierter Polizist. In der Nacht von Rosenmontag auf Faschingsdienstag, gegen 03.00 Uhr morgens, kam es zu einer Verkehrskontrolle, die viele Jahre später ein dramatisches Ereignis bewirken sollte.

Davon ahnte ich nichts, als ich mit einem Kollegen Streife durch das kalte, feuchte Regensburg fuhr. Unser Augenmerk galt den Autofahrern, die noch unterwegs waren. Es fiel ein leichter Schneeregen und die Straßen waren von dünnem Schneematsch bedeckt. Jeder, der zu dieser Uhrzeit unterwegs war, bemühte sich, langsam und vorsichtig zu fahren und möglichst wenig zu bremsen.

Vor uns bemerkten wir ein Auto, dessen Fahrer sich einen Spaß daraus machte, auf der rutschigen Straße kontrolliert zu schleudern. Das

Heck brach abwechselnd nach rechts und links aus, doch gelang es dem Fahrer immer wieder, den Wagen abzufangen.

„Der spinnt wohl!", sagte ich zu meinem Kollegen. „Den halten wir an."

„Lass es sein!", war dessen Antwort. „Das ist der Harry Y. Du weißt, dieser Schläger."

Jetzt erkannte ich auch den Wagen: ein amerikanischer Sportwagen mit einem fetten V8-Motor. Und natürlich wusste ich, wer Harry Y. war. Jeder Polizist in Regensburg kannte den Mann und seinen Ruf.

Harry Y. war ein stadtbekannter Zuhälter, dessen Mädchen in Modellwohnungen im Umkreis des Kasernenviertels ihrem Gewerbe nachgingen. Der Mann galt als äußerst brutal, war bekannt dafür, bei geringstem Anlass sofort zuzuschlagen und seine Opfer übel zuzurichten. Und wenn eines seiner Opfer Anzeige wegen Körperverletzung erstattete, kam prompt ein Anruf von ihm.

Er drohte dann in aller Deutlichkeit: „Wenn du die Anzeige nicht zurückziehst, lege ich dich (deine Frau, deine Tochter …) um!"

Bisher war Harry Y. damit immer durchgekommen und nur zu verhältnismäßig geringen Strafen verurteilt worden. Man muss auch deutlich sagen, er wurde von bestimmten Anwälten verteidigt, denen es immer wieder mit juristischen Tricks gelang, ihren Mandanten vor hohen Strafen zu bewahren.

„Lass es sein!", riet mir mein Kollege wieder. „Der bringt dich um."

„Das werden wir sehen."

Ich schaltete das Blaulicht ein, gab Gas, überholte den Sportwagen, bremste vor dem Amischlitten ab und zwang den Fahrer zum Anhalten. Dann stieg ich aus. Der Zuhälter fuhr das Seitenfenster runter.

Ich bückte mich, schaute in den Wagen hinein und registrierte sofort die Alkoholfahne, die mir entgegenwehte. Auf dem Beifahrersitz saß eine aufgedonnerte Schwarzhaarige, wahrscheinlich eine der *Angestellten* des Zuhälters.

„Darf ich fragen, warum Sie so fahren? Sie gefährden sich und andere. Außerdem haben Sie Alkohol getrunken. Steigen Sie bitte aus. Ich lasse Sie ins Röhrchen blasen."

Harry Y. sagte kein Wort, kletterte aus dem Wagen und als er sich aufrichtete, schlug er sofort zu und suchte das Weite. Irgendwie hatte ich das erwartet und konnte mich noch leicht zur Seite drehen. Der Schlag, der meinem Magen gegolten hatte, traf meine linke Hüfte, tat zwar weh, beeinträchtigte mich aber nicht.

Ich rannte hinterher. Trotz der Schmerzen in der Seite konnte ich den Zuhälter schnell einholen und zu Boden reißen. Harry Y. wehrte sich mit aller Kraft, schlug und trat um sich und ich musste mehr als hart durchgreifen, bis ich ihn schließlich k. o. zu schlagen vermochte. Während ich ihn fesselte, sprang mir seine Begleiterin auf den Rücken und schlug mit den Fäusten auf mich ein. Gleichzeitig beschimpfte sie mich wüst. „A…loch" war noch das freundlichste aller Schimpfwörter. Schließlich gelang es meinem Kollegen, die *Dame* von mir wegzuziehen und ihr Handschellen anzulegen.

Der Zuhälter wurde zur Polizeidienststelle gebracht und von dort zur Entnahme einer Blutprobe ins Krankenhaus gefahren.

Am nächsten Morgen erschien der Zuhälter mit einem Rechtsanwalt auf einer Polizeidienststelle und erstattete Anzeige gegen mich wegen *Körperverletzung im Amt* (§340 StGB).

Wir trafen uns vor Gericht wieder.

Bei der Vernehmung der Zeugin, der Begleiterin des Zuhälters, erzählte sie ganz stolz, dass ihr Freund dem Bullen nach dem Aussteigen „einen verpasst hatte" und das war es. Damit stand fest, dass der Zuhälter mich zuerst geschlagen hatte und mein hartes Durchgreifen berechtigt war. Das Verfahren gegen mich wurde eingestellt.

Der Alkoholtest hatte rund zwei Promille erbracht und der Zuhälter musste seinen Führerschein abgeben. Er weigerte sich, sodass an einem frühen Morgen mehrere Polizisten in seiner Wohnung erschienen, um den Führerschein sicherzustellen.

Sein „Habt ihr Arschlöcher nichts anderes zu tun?", brachte ihm eine zusätzliche Anzeige und eine Verurteilung ein. Natürlich fuhr er weiter mit seinem Wagen. Der Entzug des Führerscheins interessierte ihn überhaupt nicht.

Von Informanten hörte ich später, Harry Y. habe geschworen, er würde mir die Festnahme und die Prügel bei passender Gelegenheit *heimzahlen*.

Ich war gewarnt, rechnete aber nicht mit dem, was im Spätsommer 1992 passierte.

***

An einem Nachmittag saßen Franz und ich in unserem Büro und erledigten notwendige Schreibarbeiten. Draußen war es sonnig und schön warm. Wir freuten uns auf den Feierabend, wollten hinterher noch irgendwo ein Weizen trinken gehen.

Das Telefon klingelte, ich hob ab und meldete mich mit Namen. Ich habe ein gutes Gedächtnis für Namen, Gesichter und vor allem für Stimmen. Aber diese Stimme kannte ich nicht und der Name, den mir der Anrufer nannte, war mir absolut nicht geläufig.

„Ich habe eine wichtige Information für dich", behauptete der Anrufer.

„Prima. Aber ich kenne dich nicht. Wie kannst du dann eine wichtige Information für mich haben?"

„Wir müssen uns treffen und dann sage ich dir alles."

Bei mir läuteten die Alarmglocken. Ich winkte Franz zu und schaltete das Telefon auf Lautsprecher. Mein Kollege hörte mit.

Der Anrufer bestand darauf, er habe eine **sehr** wichtige Information für mich und ich solle sofort zu ihm nach Stamsried kommen. Er nannte mir seine Adresse, die ich mir notierte.

„Gut", antwortete ich. „Ich bin in eineinhalb Stunden bei dir. Wenn du mich auf dem Arm nehmen willst, hast du Probleme."

„Nein! Es ist ganz wichtig!"

Ich bat Franz mitzukommen und meldete uns beim Chef ab, erzählte ihm von dem merkwürdigen Anruf.

„Pass auf!", sagte der Hauptkommissar. „Lass dir von Franz Rückendeckung geben, wenn du den Typen triffst."

Wir fuhren auf der B16 bis Roding und von dort aus waren es nur noch zehn Kilometer bis Stamsried. Die angegebene Adresse lag zirka hundert Meter vom Ortsrand der Marktgemeinde entfernt. Es handelte sich um ein kleines, runtergekommenes Haus, das auf einem stark verwilderten Grundstück zwischen abgeernteten Feldern lag.

Bei den letzten Häusern der Straße hielt ich an und betrachtete das Häuschen durch mein Fernglas.

„Sieht unauffällig aus", meinte ich. „Niemand zu sehen."

Ich reichte Franz das Fernglas. Auch der überprüfte das Haus sorgfältig.

„Wir müssen vorsichtig sein, Franz. Du steigst hier aus und beobachtest, was passiert, wenn die Haustür geöffnet wird."

„Verstanden."

Franz stieg aus und ich fuhr langsam los. Neben dem Haus stand ein alter Schuppen mit einer Schwenktür, so wie ihn Garagen haben. Ich bog in die Einfahrt ein und blieb vor dem Schuppen stehen, schaute mich um. Der Garten war völlig verwildert und unter den Obstbäumen vergammelten Äpfel und Birnen auf der Erde. Niemand schien sich um die Früchte zu kümmern. Zu sehen war hinter den schmutzigen Fenstern nichts, aber ich glaubte, die winzige Bewegung einer Gardine bemerkt zu haben. Vorsichtshalber überprüfte ich noch einmal meinen Revolver und steckte ihn an seinen gewohnten Platz in den rechten Stiefelschaft. Anschließend stieg ich aus und ging hinüber zur Haustür. Die ganze Sache kam mir nicht geheuer vor und ich war froh, dass ich Franz mitgenommen hatte. Wenn ihm etwas verdächtig vorkam, konnte ich davon ausgehen, dass er sofort eingriff.

Ich stieg die beiden Stufen zur Haustür hinauf und drückte den Klingelknopf. Die Tür wurde sofort geöffnet. Der Mann, der vor mir stand, hatte mich kommen sehen und mich erwartet. Er war gut zwei Meter groß, ein massiger Rockertyp mit kräftigen Oberarmen und schwarzen, fast hüftlangen Haaren. Er trug eine Trainingshose, ein ärmelloses Unterhemd und Badelatschen. Sein Oberkörper war, soweit ich erkennen konnte, vollständig tätowiert.

Vorsichtshalber ging ich rückwärts die Stufen hinunter und stellte mein rechtes Bein auf die unterste Treppenstufe, um schnell meine Waffe ziehen zu können.

„Was willst du von mir?", wollte ich wissen. „Ich kenne dich nicht, ich habe dich noch nie gesehen."

„Komm. Geh rein", sagte der Tätowierte.

„Erst will ich wissen, was los ist."

In diesem Augenblick erschien ein kleine, verhärmt aussehende Frau hinter dem Mann und schob sich an ihm vorbei. Sie war seine Mutter, wie ich bald erfuhr.

„Sag doch dem Hanserl (das war ich!) er soll reingehen, Junge."

„Hab ich ja."

„Komm schon, Hanserl." Sie winkte mir zu. „Hab extra einen guten Kaffee gekocht."

Unter diesen Umständen erschien es mir nicht besonders gefährlich, den beiden ins Haus zu folgen.

Die Frau humpelte voran und führte mich in die winzige Wohnküche. Auf dem Tisch standen drei Tassen, Milch und Zucker. Auf einer Anrichte blubberte eine Kaffeemaschine vor sich hin.

„Setz dich, Hanserl."

Die Frau griff nach der Kaffeekanne und ich nahm auf der Eckbank Platz, sodass ich die Küchentür im Auge behalten konnte. Der Raum war sauber, aufgeräumt, aber spärlich und sehr einfach möbliert. Gekocht wurde auf einem gusseisernen Herd, neben dem auf einer Blechplatte ein paar Scheite Holz sauber aufgestapelt waren. Im Herrgottswinkel über der Eckbank hing ein Kreuz und darunter brannte ein rotes Licht vor dem Schwarzweißbild eines Mannes.

Die Frau goss Kaffee ein und dann saßen wir drei am Tisch, taten Milch und Zucker in den Kaffee und rührten bedächtig um.

„Jetzt sag's ihm schon, Bub." Die Frau stieß ihren Sohn an.

(Beide sprachen den für Außenstehende schwer verständlichen Dialekt der Chamer Gegend.)

„Ja", sagte er. „Mach ich doch, Mutter."

„Ich höre."

„Also …", der Bub trank zögerlich einen Schluck Kaffee, „ich soll dich umlegen. Erschießen. Man gibt mir 30.000 DM dafür."

Jetzt war es raus. Das war natürlich ein Schock für mich, aber ich versuchte, ruhig zu bleiben.

„Und wer hat dir den Auftrag gegeben?"

„Drei Männer aus Regensburg. Die haben gesagt, du musst weg. Und ich soll das machen. Die sind extra mit mir nach Pfreimd in den Wald gefahren und haben mir ein Jagdgewehr mit Zielfernrohr gegeben. Ich musste auf eine Zielscheibe schießen und zeigen, ob ich überhaupt treffe."

„Hast du die Waffe hier?"

„Nein. Die bekomme ich erst, wenn ich nach Regensburg komme. Hinterher soll ich sie in die Donau werfen. Danach bekomme ich das Geld."

Mir war sofort klar, wer die „drei Männer aus Regensburg" waren. Der Zuhälter und zwei seiner Kumpel, die groß ins Drogengeschäft eingestiegen waren. Franz und ich hatten einige ihrer Kleindealer festgenommen und dabei eine größere Menge Heroin und Amphetamine beschlagnahmt. Das hatte die Typen viel, sehr viel Geld gekostet.

„Und das darf der Bub nicht", sagte die Mutter. „Das ist eine Sünd! Und er ist doch ein guter Junge."

Dem Sohn schien das ein wenig peinlich zu sein.

„Ich will Namen wissen", forderte ich.

„Verhaftest du mich?"

„Nein. Du hast nichts falsch gemacht. Ganz im Gegenteil. Die paar Schüsse im Wald interessieren niemanden."

Der Tätowierte nannte die drei Namen. Volltreffer! Er bestätigte meine Vermutung.

Plötzlich klingelte es an der Tür. Die Mutter erhob sich und humpelte zur Haustür. Franz stand draußen und wollte wissen, wo ich so lange bliebe. Die Frau führte ihn in die Küche und Franz bekam auch einen Kaffee eingeschenkt.

Bevor wir uns verabschiedeten, gab ich dem Sohn noch einen guten Rat: „Lass dich nicht mehr in Regensburg sehen, sonst bist du ein toter Mann. Und wenn du Interesse hast, habe ich einen lukrativen Job für dich."

Er nickte.

„Ich rufe dich an."

Auf meine Veranlassung hin erhielt der Tätowierte eine angemessene Belohnung. Ich kontaktierte einen Bekannten beim LKA und der warb den Mann aus Stamsried als V-Mann an. Später erfuhr ich, dass er mehrfach Informationen über Deals im deutsch-tschechischen Grenzraum nach München gemeldet und dafür hohe Belohnungen erhalten hatte.

Nach einiger Zeit traf ich den Kollegen vom LKA bei einem gemeinsamen Einsatz, und der bedankte sich bei mir für den Kontakt, der sich wie es sich herausstellte, als sehr wertvoll für ihn erwies.

Da hatte ist wirklich Glück gehabt! Der Mutter war es tatsächlich gelungen, ihrem Sohn den Mordanschlag auszureden, weil es *eine Sünd* war.

Noch auf dem Heimweg informierten wir die Kollegen vom K11 (vorsätzliche Tötungsdelikte). Die ließen sich sofort Haftbefehle ausstellen und schrieben die drei Männer zur Fahndung aus.

Die Festnahmen erfolgten noch in der Nacht, da es bekannt war, in welchen Bars und Etablissements sich die Männer gewöhnlich aufhielten.

Bei den Vernehmungen gaben die Verhafteten zu, sich am Stammtisch zum Spaß über einen Anschlag auf mich unterhalten zu haben. Aber wirklich nur zum Spaß! Außerdem hätten sie überhaupt kein Jagdgewehr (tatsächlich wurde bei Durchsuchungen kein Gewehr gefunden) und überhaupt lüge und übertreibe der Typ aus Stamsried ziemlich mächtig.

Es ging aus wie das *Hornberger Schießen*. Die Kollegen ließen die drei laufen, weil es laut Staatsanwaltschaft nicht zu einer Verurteilung reichte.

Einen der Drogendealer verhaftete ich einige Zeit später. Er galt als gewalttätig und wir versuchten erst gar nicht, ihn in der Wohnung festzunehmen. Es war bekannt, dass er einen Dobermann besaß, der darauf trainiert war, *auf die Gurgel zu gehen* (Ausdruck im Milieu). Ein dermaßen trainierter Hund war eine Waffe und gefährlicher als eine Pistole. Einen Treffer mit einem 9-mm-Geschoss konnte man überleben, aber gegen einen Hund, der sich in die Kehle verbiss, war kein Kraut gewachsen.

Wir beschlossen, den Dealer festzunehmen, wenn er morgens den Hund Gassi führte. Beim Zugriff war der Hund nicht angeleint und lief schnüffelnd auf einem Stück Rasen umher.

Ich forderte den Mann auf: „Anleinen, sonst erschieße ich den Hund!" und zielte mit der Waffe abwechselnd auf ihn und das Tier.

„Nein!", schrie der Mann. „Nicht den Hund erschießen!" und beeilte sich, seinen Liebling sofort anzuleinen. Er musste den Hund an einen Baum binden und ließ sich widerstandslos festnehmen.

„Sorgt euch um den Hund!", bat er uns.

Wir versprachen ihm, uns um das Tier zu kümmern, und verfrachteten den Dealer in einen Streifenwagen.

Ein Angestellter des Tierheims, der sich mit Kampfhunden auskannte, wurde angerufen. Er erschien nach einer halben Stunde und nahm den Hund mit. Später wurde das Tier auf Anordnung des Landratsamtes durch einen Veterinär eingeschläfert.

Beiden Dealern konnte man den Handel mit einer größeren Menge Rauschgift nachweisen und sie erhielten hohe Gefängnisstrafen.

Der Zuhälter kam auch nicht ungeschoren davon. Er wurde wegen Körperverletzung, Fahren unter Alkohol, Fahren ohne Führerschein und anderer Delikte zu einer Gefängnisstrafe verurteilt.

Nach Verbüßung der Strafe arbeitete er weiter in seinem Gewerbe, blieb aber unauffällig.

Vor Kurzem standen wir zufällig nebeneinander in einem Fahrstuhl. Wir haben uns gegenseitig erkannt, aber uns weder gegrüßt noch eines zweiten Blicks gewürdigt.

Das war wahrscheinlich besser so.

***

Im vierten Quartal des Jahres 1992 erhielt ich die Gelegenheit zu einer beruflichen Veränderung.

Soweit ich mich erinnere, war es Ende November, als mich der Leiter der KPI ansprach: „Hans, es wird langsam Zeit, dass du den Aufstieg in den gehobenen Dienst machst."

„Klar. Mach ich gerne."

Es freute mich sehr, dass mir der Chef die Chance gab, am Eignungstest für den Aufstieg teilzunehmen. Selbst konnte man sich nicht für die Teilnahme am Eignungstest bewerben; man musste von dem zuständigen Vorgesetzten ausgewählt und angemeldet werden.

Der Eignungstest fand im Januar 1993 zentral bei der Bereitschaftspolizeiabteilung im oberpfälzischen Sulzbach-Rosenberg statt. Mehrere Beamte aus Regensburg nahmen an dem Test teil. Sie holten mich in einem Dienstfahrzeug zuhause in Hainsacker ab und wir fuhren zusammen nach Sulzbach-Rosenberg.

Der Test fand in einem großen Hörsaal statt, in dem schätzungsweise vierzig bis fünfzig Einzeltische standen. Zu meinem großen Entsetzen wurde der Test an Computern durchgeführt und bestand aus Fragen mit Multiple-Choice-Antworten (MC), auf Deutsch Mehrfachauswahl oder auch Antwort-Wahl-Verfahren genannt.

Ich hatte noch nie an einem Computer gearbeitet und mein erster Gedanke war: „Da kann ich gleich wieder heimfahren."

Die Aufsichten beim Eignungstest kannten das Problem. Ich war nicht der Einzige mit einer *Computer-Phobie* (wie sie es nannten). Ein Kollege erklärte mir geduldig die wenigen Tastenkombinationen, die für die Beantwortung der Testfragen benötigt wurden. Nach kurzer Eingewöhnung klappte es auch ganz gut.

Der Test bestand aus mehreren Teilen: Allgemeinbildung, Deutsch, Mathematik, Politik und natürlich polizeispezifischen Fragen (z. B. Vorgehen bei Einsätzen, rechtliche Bewertung von vorgegebenen Fällen). Er dauerte den ganzen Tag.

An die allererste Frage (Erdkunde) kann ich mich noch gut erinnern:
Frage: *Wie heißt die Hauptstadt von Australien?*
Antworten: *A) Melbourne B) Sydney C) Canberra D) Perth*
Richtige Antwort: C) Canberra.

Zu Beginn der ersten Pause redeten alle durcheinander.
„Was hast du bei der Hauptstadt von Australien angekreuzt?", war die am häufigsten gestellte Frage.
Die meisten hatten sich für *B) Sydney* entschieden.

In der letzten Januarwoche klopfte mir der Chef im Vorbeigehen auf die Schulter. „Du hast auch bestanden."

Das bedeutete, ich würde im September 1993 das viersemestrige Studium (zwei Jahre) an der Fachhochschule der Polizei (heute Hochschule für den öffentlichen Dienst in Bayern, Fachbereich Polizei) in Fürstenfeldbruck beginnen. Das Studium dauerte ein Jahr weniger als das für die Kommissarsanwärter. Für Beamte des mittleren Dienstes entfielen die Praktika und die polizeiliche Grundausbildung. Das alles hatten wir schon durchgemacht.

Nach bestandenem Studium wurden die Teilnehmer zu Kriminalkommissaren ernannt. Eine Beförderung bis zum Hauptkommissar war später möglich. Finanziell würde sich für mich anfangs nicht viel ändern, denn als Kriminalhauptmeister war ich in der gleichen Gehaltsstufe (A 9) eingestuft wie ein Kriminalkommissar.

Meine Frau freute sich für mich. Uns war klar, die beiden Jahre würden kein Zuckerschlecken werden, aber ich konnte an jedem Wochenende nach Hause kommen.

Wir stellten uns auf die zwei Jahre ein und ich war gespannt auf die Herausforderungen in Fürstenfeldbruck.

Aber es sollte ganz anders kommen!

***

Der 10. Februar 1993 war der Tag, der mein Leben völlig veränderte.

Im Dezember 1992 verhaftete ich einen Kleindealer aus dem Raum Cham, der fünf oder sechs Gramm Heroin mit sich führte. Der Umstand, dass das Rauschgift portionsweise verpackt war und der Mann mehr als drei Gramm in der Tasche hatte, ließ mit Sicherheit auf einen gewerbsmäßigen Handel schließen. Er war selbst drogenabhängig und bereits wegen des Verstoßes gegen das BtMG verurteilt worden. Jetzt erwartete ihn eine längere Gefängnisstrafe.

Er bot mir Informationen an: „Ich kann Ihnen sagen, wer den Stoff aus Holland holt und hier verkauft."

„Und wer?"

Das war ein typischer Deal: Informationen gegen Strafmilderung. Der Mann nannte mir die Namen von zwei jungen Männern. Ein 25-

jähriger wohnte in Furth im Wald, sein Kumpel, Anfang zwanzig, in Cham. Sie fuhren, so berichtete er, regelmäßig nach Amsterdam und kauften dort Heroin ein.

„Und woher weißt du das so genau?"

Der Verhaftete schien froh zu sein, dass ich an seinen Informationen interessiert war, und erzählte ganz genau, wie der Deal ablief.

„Ich bin ein paar Mal den Wagen gefahren", berichtete er. „Als Belohnung erhielt ich immer ein wenig *H* für mich zum Eigenbedarf und ich durfte für sie Stoff verkaufen."

Das, was er erzählte, bestätigte unsere Ermittlungen in anderen Fällen. Wer Rauschgift in Holland kaufen wollte, musste eine Telefonnummer und eine Adresse kennen. Der Käufer rief die Nummer an und bekam ein unverfängliches Stichwort genannt, welches bedeutete, man sei interessiert an einem Geschäft. An der Adresse angekommen, in diesem Fall lag die Wohnung über einem chinesischen Lokal am Rand der Altstadt, musste in einer bestimmten Art und Weise geklingelt werden. Erst dann wurde der Käufer eingelassen. Es hieß Stoff gegen Geld und der Käufer ging wieder. Kein privates Gespräch, nur das Geschäft unter den Augen von zwei oder drei kräftigen Typen, die alles argwöhnisch überwachten.

Die Einfuhr von harten Drogen in die Bundesrepublik stellt ein Verbrechen dar, das auf jeden Fall mit einer Haftstrafe ohne Bewährung geahndet wird. Auch der Verkauf von harten Drogen gilt als Verbrechen und zieht eine Haftstrafe nach sich. Bei einer Menge von bis zu drei Gramm geht die Justiz von „Eigenbedarf" aus und die Anklage wird in der Regel fallengelassen oder das Verfahren wird gegen Auflagen eingestellt.

Mein Informant wurde von mir dem Haftrichter vorgeführt, der ihn nicht in U-Haft steckte, sondern bis zum Beginn des Prozesses gegen Auflagen auf freien Fuß setzte. Es folgten Ermittlungen gegen die beiden Großdealer. Ich beantragte Haftbefehle gegen sie und, wegen der zu erwartenden Menge des Rauschgifts, informierte unser Chef das LKA.

Es war ein kalter Februarmorgen und ein eisiger Ostwind drang durch jedes Knopfloch und ließ mich auch in meiner dicken Winterjacke frösteln. Kurz gesagt: Es war saukalt.
Um sieben Uhr trafen wir uns zu einer letzten Einsatzbesprechung im Büro des Chefs. Vier Kollegen des LKA waren am Vortag angereist und wir bildeten zwei Teams: Je Team drei Beamte vom K14 und zwei vom LKA.
Ich gehörte zu Team 1, das den 25-jährigen in Furth im Wald verhaften sollte. In vier Dienstfahrzeugen rollten wir über die B16 in Richtung Cham, wo Team 2 in Richtung Innenstadt abbog und dem Gesuchten in seiner Wohnung ohne Probleme die Handschellen anlegen konnte.

Wir erreichten Furth im Wald und observierten ein paar Minuten lang das kleine Haus, in dem der Gesuchte mit seiner Freundin lebte. Es lag nicht weit vom Bahnhof entfernt und die Bahngleise verliefen direkt hinter dem Haus.
Gegen 08.30 Uhr starteten wir den Zugriff. Zwei Kollegen vom K14 gingen zur Haustür und klingelten dort, während ich mit den beiden Kollegen vom LKA den Hinterausgang des Hauses sicherte. Plötzlich hörten wir Krach im Haus, Leute schrien durcheinander und schon kam der Gesuchte aus dem Kellerausgang gerannt. Er trug nur eine Trainingshose, ein T-Shirt und war barfuß. Scheinbar wollte er direkt zu den Bahngleisen hinüberlaufen; als er mich sah, änderte er die Richtung und sprang über den Drahtzaun zum Nachbargrundstück.
Was blieb uns anderes übrig, als hinterherzulaufen?
Normalerweise hätte ich den Mann nach weniger als einhundert Metern eingeholt, aber ich trug Winterbekleidung und dicke Winterstiefel (für meine heißgeliebten Cowboystiefel war es zu kalt), wäh-

rend der Dealer zwar für das Wetter unpassend bekleidet war, aber relativ schnell rennen konnte.

Es ging über zwei weitere Zäune und dann erreichte der Mann einen kleinen Weg, der zu den Bahngleisen hinüberführte. Er stürmte den Bahndamm hinauf und rannte auf den Bahnschwellen in Richtung Osten. Es war mir klar, er wollte mich abhängen und wenn möglich über die naheliegende Grenze nach Tschechien entkommen.

Ich rannte hinterher, blickte mich oben auf den Gleisen kurz um und sah, dass die Kollegen vom LKA immer noch dabei waren, den letzten Zaun zu übersteigen. Sie schienen nicht die beste Kondition zu besitzen.

Auf den Schwellen konnte ich etwas schneller laufen als der Mann und kam langsam näher, da der sich darauf konzentrierte, mit seinen nackten Füßen nicht auf den scharfkantigen Schotter zwischen den Schwellen zu treten. Als er merkte, dass ich die Distanz verringerte, versuchte er, sein Tempo zu erhöhen.

Ich beschloss, einen Warnschuss abzugeben und zog meine Waffe aus der Tasche. Der Einsatz von Dienstwaffen ist streng reglementiert. Nur bei Verbrechen, Notwehr oder Nothilfe darf mit der Waffe geschossen werden. Eine Warnung und ein Warnschuss sind verpflichtend.

Ich schrie, so laut ich konnte, die vorgeschriebene Warnung: „Halt! Polizei! Stehenbleiben oder ich schieße!"

Dann gab ich einen Schuss in den Himmel ab.

Das interessierte den Mann überhaupt nicht. Er versuchte, noch schneller zu laufen.

Also rannte ich weitere drei- bis vierhundert Meter hinter ihm her, bis er in Griffweite war und ich ihn am T-Shirt packen konnte. Es gelang ihm, durch eine Körperbewegung das Shirt über den Kopf zu streifen und plötzlich hatte ich es in der Hand. Gleichzeitig kam der Mann ins Straucheln und fiel nach vorne auf die Gleise.

Ich fiel auf ihn drauf und versuchte, ihn auf den Boden zu drücken und festzuhalten. Mein Gegner war unerwartet wendig, es gab ein

Gerangel, er kam hoch, ich wollte ihn wieder runterdrücken und plötzlich fielen wir seitwärts den Bahndamm hinab. Es ging fünf oder sechs Meter runter, bis ich unten auf einem Weg auf dem Rücken landete und der Mann auf mich drauffiel. Es gelang mir, ihn mit aller Kraft festzuhalten, bis endlich ein Kollege vom LKA heftig keuchend angelaufen kam und den Mann fesselte. Auch der zweite LKA-Beamte erschien und half mir hoch.

„Alles klar?", wollte er wissen.

„Alles in Ordnung", antwortete ich. Ich fühlte momentan keine Schmerzen und kam gar nicht auf den Gedanken, dass ich verletzt sein konnte.

Wir beschlossen, den Verhafteten zu zweit nach Regensburg zu bringen, während die anderen Kollegen die Durchsuchung des Hauses durchführten.

Auf dem Rückweg nach Regensburg tropfte es plötzlich warm aus dem Ärmel meiner Jacke. Erst jetzt stellte ich fest, dass der rechte Ärmel aufgerissen war und ich eine stark blutende Wunde am Oberarm erlitten hatte. Mit Verbandsmaterial aus dem Erste-Hilfe-Kasten verband ich die Wunde und stoppte die Blutung.

Langsam begannen mein Kiefer und mein Rücken zu schmerzen. Kleine Wehwehchen kannte ich aus dem Sport und ich versuchte, die Schmerzen zu unterdrücken.

Wir lieferten den Festgenommenen in der JVA Regensburg ab und fuhren zurück zur Dienststelle am Minoritenweg.

Den Chef interessierte nur eine Sache: War der Gebrauch der Schusswaffe gerechtfertigt? Ganz Furth war in Aufruhr und die Presse hatte schon angerufen. Langhaarige Typen verfolgten einen jungen Mann, der in der Stadt wohnte und schossen auf ihn. Was war da los gewesen?

Der Chef musste beim Direktor zum Rapport antreten. Es fand eine Pressekonferenz statt und für die Pressevertreter gab es nur ein Thema: War es notwendig zu schießen?

Ich erzählte von meinem Unfall und den zunehmenden Schmerzen und er schickte mich nach Hause.

„Leg dich hin und schlaf dich aus!", war sein guter Rat.

In der Nacht wurden die Schmerzen unerträglich. Meine rechte Gesichtsseite war stark angeschwollen, die Wunde am Arm pochte und ich kam nicht mehr aus dem Bett hoch. Meine Frau rief den Notarzt und ein Krankenwagen brachte mich ins Krankenhaus.

Die Untersuchungen ergaben einen sechsfachen Bruch der rechten Kieferseite und den Bruch eines Lendenwirbels sowie Verletzungen an Bandscheiben.

Dass mein Arm mit mehreren Stichen genäht werden musste und sich die Wunde entzündete, war eine Randerscheinung.

Am Vormittag verlegte man mich nach Bad Abbach, wo ich bis Mitte Mai in der Klinik für Orthopädie lag.

Es folgten eineinhalb Jahre Physiotherapie und ich konnte nie wieder die Sportarten betreiben, die ich so liebte: Kein Judo, kein Laufen, keine Leichtathletik, keine Ballsportarten. Bis heute kann ich nur begrenzt Tennis spielen („Sonntagsspieler") und reiten. Wir haben uns Hunde angeschafft und mit denen gehe ich regelmäßig spazieren.

Nach einem Jahr musste ich zum Polizeiarzt nach München, der mich auf meine Dienstfähigkeit untersuchte. Er bescheinigte mir, ich sei vollzugsdienstuntauglich und nicht mehr für den Außendienst geeignet. Dann schrieb er mich für ein weiteres Jahr krank, mit der Option, anschließend einen Posten im Innendienst zu erhalten.

Eine Horrorvorstellung für mich!

Ich bekam psychische Probleme. Vor allem der geplante Mordanschlag auf mich ging mir nicht mehr aus dem Kopf. Was wäre gewesen, wenn der Mann nicht seiner Mutter von dem Auftrag erzählt hätte und einfach den Job erledigt hätte? Ein Schuss aus dem Hinterhalt, wenn ich unsere Wohnung verließ oder mit meiner Frau zum

Einkaufen ging. Am einfachsten hätte er mich abknallen können, wenn ich meine übliche Joggingrunde um Hainsacker absolvierte.

Immer wieder stellte ich mir die Situation vor: Der Schütze hat mich im Fadenkreuz, drückt ab, ein Schlag gegen die Brust und den Knall höre ich schon nicht mehr. Man findet mich Stunden später tot am Waldrand. Der Attentäter ist verschwunden, das Gewehr liegt irgendwo in der Donau. Die Leute, die es auf mich abgesehen haben, besitzen wasserdichte Alibis und niemand kommt auf den Tätowierten aus Stamsried. Und meine Frau ist Witwe.

Und dann ließ man die Leute laufen, die alles geplant hatten. Glaubte ihnen, nur ein *Stammtischgespräch* geführt und aus Jux meinen Tod geplant zu haben.

Darüber bin ich nie hinweggekommen.

Ein Jahr später folgte die zweite Untersuchung in München bei der Bereitschaftspolizeiabteilung in der Rosenheimer Straße. Der Polizeiarzt überflog noch einmal die Arztberichte, untersuchte mich und verließ mit den Worten „Warten Sie hier, ich bin gleich wieder da." den Raum. Kurz darauf kam er zurück.

„Ich bestätige Ihnen die endgültige Dienstunfähigkeit, Herr Reisky", erklärte er mir. „Es tut mir leid, dass Sie so jung aus dem Dienst ausscheiden müssen, aber es geht nicht anders. Sie sollten sich in psychiatrische Behandlung begeben, dann werden Ihre Depressionen bald aufhören.

„Und", fügte er hinzu, „ich habe mit Ihrer Dienststelle in Regensburg telefoniert. Sie melden sich noch heute in Regensburg beim Leiter der Kriminalpolizei."

Ein Händedruck, ein Umschlag mit Papieren und ich machte mich auf den Heimweg.

In Regensburg meldete ich mich beim neuen Chef der Kripo. Wir kannten uns nicht persönlich.

Der ordnete (ganz formell, nicht mit dem üblichen Du) an: „Sie räumen jetzt Ihren Schreibtisch auf, geben Ihre Waffen und Ihre sonstige Ausrüstung ab. Am Monatsende werden Sie Ihre Entlassungsurkunde erhalten. Ich werde Sie schriftlich über den Termin informieren. Alles Gute, Herr Reisky."

Wieder ein Händedruck.

Eine Stunde später saß ich in meinem Privatwagen und war auf dem Weg nach Hainsacker. Am frühen Morgen war der Kriminalhauptmeister Hans Reisky nach München gefahren, am frühen Abend kehrte der Pensionär Hans Reisky nach Hause zurück.

Was ich an dem Abend empfand, kann und möchte ich hier nicht beschreiben.

Zwei Tage vor Monatsende erhielt ich ein Schreiben des Präsidenten, in dem ich gebeten wurde, mich am letzten Tag des Monats, morgens um 10.00 Uhr, in der Dienststelle einzufinden und meine Entlassungsurkunde gegen Unterschrift entgegenzunehmen.

Meine Dienstzeit als Polizist endete als formloser, unpersönlicher Verwaltungsvorgang.

In einem großen, braunen Briefumschlag befand sich die Entlassungsurkunde.

Ich überflog sie:

Urkunde
Gemäß ... des Bayerischen Beamtengesetzes tritt
Herr Kriminalhauptmeister
Hans Reisky
... in den Ruhestand ein.
Für die dem Freistaat geleisteten Dienste
spreche ich ihm den Dank der Bayerischen Staatsregierung aus.
Ort, Datum, Unterschrift, Titel

Weiterhin erhielt ich einen Stapel Papiere mit Hinweisen, Belehrungen und Formularen, die ich sofort wieder in den Umschlag steckte. Den Umschlag legte ich zuhause in eine Schublade und holte ihn erst Monate später wieder heraus, als ich Beihilfe beantragen musste.

Der Chef der Kripo schüttelte mir noch einmal die Hand, wünschte mir alles Gute und empfahl mir, den Ruhestand zu genießen.

Von meinen ehemaligen Kollegen war keiner anwesend. Franz befand sich auf der Fachhochschule der Polizei, die anderen Kollegen waren unterwegs und die Neuen, die in den letzten beiden Jahren zur Kripo gekommen waren, mussten ihre Arbeiten erledigen.

Ich verließ das Dienstgebäude am Minoritenweg und schaute mich nicht mehr um.

Resümee

Blicke ich zurück auf mein Leben als Polizist und vor allem als Drogenfahnder, verspüre ich Ernüchterung. Auf jedes Gramm Rauschgift, das wir beschlagnahmen konnten, kam eine mehrfache Menge, die nach Bayern eingeführt, verteilt und verkauft wurde. Ich war immer stolz gewesen, wenn es mir nach langer, mühseliger Arbeit gelungen war, eine größere Menge illegaler Drogen aus dem Verkehr zu ziehen und den oder die Dealer hinter Gitter zu bringen. Doch blieb die Gewissheit immer präsent, nur einen kleinen Teil unschädlich gemacht zu haben. Das Angebot hatte sich nur unmerklich verringert und der Nachschub war schon unterwegs. Für jeden Dealer, den wir verhafteten, standen mehrere Interessenten bereit, die dessen Aufgaben übernehmen wollten. Sie waren gierig nach dem schnellen Geld oder selbst süchtig und hofften, so ihren Konsum finanzieren zu können.

Ausbaden mussten das immer die Konsumenten. Nahmen wir eine größere Menge Rauschgift vom Markt, mussten sie höhere Preise bezahlen, weil sich das Angebot verknappte. Das Ergebnis war eine erhöhte Beschaffungskriminalität: mehr Diebstähle und Einbrüche, intensivere Prostitution und auch zunehmend brutalere Überfälle.

Im Grund genommen waren wir nur zweite Sieger. Selten gelangen uns präventive Erfolge, meistens agierten wir nur. Teilerfolge sind kein Sieg. Nie zu gewinnen, macht es schwierig, nicht zu resignieren.

Zurzeit läuft eine bundesweite Diskussion darüber, den privaten Konsum von weichen Drogen, vor allen Dingen als Arzneimittel, freizugeben. Es gibt Gründe für die Freigabe, natürlich auch Gründe dagegen.

Ich meine, warum sollen Schmerzpatienten nicht Marihuana oder Haschisch rauchen dürfen, wenn es ihnen hilft? Eine vereinfachte, kontrollierte Beschaffung ohne Rezept wäre wünschenswert. Menschen trinken Alkohol, rauchen Tabakprodukte, wieso sollten sie in ihrer Freizeit nicht einen Joint rauchen dürfen? Die Gefahr, dass sie sich unter Drogeneinfluss ans Steuer setzen, ist real. Aber sie besteht auch bei Alkohol- und Medikamentenmissbrauch. Hier ist die Verantwortung des Einzelnen gefordert! Und Gesetze, die Verstöße sanktionieren, sind vorhanden.

Problematisch wird die Freigabe von weichen Drogen, wenn es Jugendlichen gelingt, ohne größere Probleme an Cannabis-Produkte zu kommen. Hier sind Eltern, Freunde und Erzieher gefragt, präventiv zu arbeiten. Das gilt aber auch für den Umgang mit Alkohol und Tabakprodukten.

Die Entkriminalisierung von weichen Drogen könnte Kapazitäten bei der Polizei und der Justiz freisetzen, die für wichtigere Aufgaben zur Verfügung stünden.

Bei harten Drogen schließe ich eine Liberalisierung aus! Wer mit harten Drogen Geschäfte macht, der gehört streng bestraft. Ob natürlich härtere Strafen für Dealer oder Konsumenten den Handel spürbar verringern? Da bin ich mir nicht sicher. Es gibt Länder, in denen beim Besitz einer bestimmten Menge von Drogen die Todesstrafe verhängt wird (Singapur, Malaysia, Indonesien). Trotzdem wird dort gedealt und konsumiert und die Gewinnspannen sind extrem hoch.

Zusätzlich zu hohen Gefängnisstrafen bestände die Möglichkeit, den Besitz von Drogenhändlern, ihre Pässe, Personalausweise und Führerscheine einzuziehen und ihnen die Erlaubnis zu versagen, ins Ausland zu reisen. Dealer, die keine deutschen Staatsbürger sind, müssen verurteilt und konsequent abgeschoben werden. Wobei man sich bei allen „harten" Maßnahmen darüber im Klaren sein muss, dass immer Ersatzleute bereitstehen, die gewillt sind, die illegalen Geschäfte weiterzuführen und auf diese Weise viel Geld zu verdienen.

Andererseits bringt es dem Staat keine Vorteile, einen Konsumenten, der drei Gramm harten Stoff zum Eigenbedarf mit sich führt, vor Gericht zu stellen. Der bürokratische Aufwand für die Ermittlungsbehörden und die Justiz ist viel zu hoch und auch zu kostenintensiv.

Den Drogenhandel zu verringern, erreicht man nur durch Umdenken. Die Leute müssen verstehen und verinnerlichen, dass der Konsum von harten Drogen immer mit dem Verstoß gegen Gesetze einhergeht, sie dadurch Verbrechen und den Lebensunterhalt von Verbrechern finanzieren und sie in Abhängigkeiten geraten, die ihr Leben dramatisch verändern können.

Sehr wichtig wäre es, in den Schulen und in den Vereinen präventiv zu arbeiten. Es gibt heute Jugendkontaktbeamte, die einmal im Jahr in die Klassen gehen und dort die Schüler über Recht und Gesetz, Verhalten im Straßenverkehr und auch über die Drogenproblematik unterrichten. Die Arbeit dieser Kollegen ist positiv zu bewerten, aber sie ist zu wenig. In zwei oder drei Unterrichtsstunden pro Jahr kann man nicht alle Schüler erreichen und ihnen klarmachen, welche Gefahren auf sie in ihrem Leben lauern. Die Eltern spielen die eigentliche Hauptrolle bei der Erziehung ihrer Kinder – zumindest sollten sie das.

Für sehr wichtig als Prävention gegen Drogen-, Alkohol- und Tabakmissbrauch halte ich Sport. Kinder, die sich in einem Verein mit Gleichaltrigen treffen, um dort Sport zu betreiben, geraten viel seltener in Gefahr, falsche Freunde kennenzulernen.

Der Einfluss des Elternhauses ist außerordentlich wichtig für die Entwicklung der Einstellung gegenüber Drogen, Alkohol und Tabak. Wie sollten sich Kinder positiv entwickeln, wenn ihre Eltern in der Wohnung rauchen, sich vor den Kindern betrinken und diese Streit und häusliche Gewalt erleben müssen? Was passiert, wenn die Eltern selbst Rauschgift konsumieren und ihre Kinder das mitbekommen?

Ich habe immer wieder festgestellt, dass die meisten Abhängigen aus Familien stammten, in denen die Welt nicht in Ordnung war, in denen geschlagen, geraucht und gesoffen wurde. Und viele Konsumenten hatten sexuelle Gewalt erlebt, die sie traumatisierte.

Das alles war mir klar während meiner Arbeit als Drogenfahnder. Nie habe ich auf Abhängige verächtlich herabgeschaut oder gemeint: „Die sind ja selbst schuld!"

Die Dealer waren es, denen meine Verachtung galt und die ich mit allen mir möglichen Mitteln bekämpfte.

Aber gewonnen, ich meine so richtig gewonnen, habe ich nie. Teilsiege gab es, aber keine vollständigen Siege. Immer bin ich, genau wie meine Kollegen, nur der zweite Sieger geblieben.

Und diese Erkenntnis liegt mir noch heute schwer im Magen.

Rolf Peter Sloet
Tödliche Diamanten
1. Auflage 2017, 360 Seiten,
13,5 x 20,5 cm, Broschur
ISBN: 978-3-86646-358-5, Preis: 14,90 EUR

Rolf Peter Sloet
Regensburg im Fadenkreuz
1. Auflage 2016, 336 Seiten,
13,5 x 20,5 cm, Broschur
ISBN: 978-3-86646-343-1, Preis: 14,90 EUR

Rolf Peter Sloet
Im Schatten des Doms zu Regensburg
304 Seiten, 13,5 x 20,5 cm, Hardcover
ISBN: 978-3-86646-325-7, Preis: 14,90 EUR

Verband deutscher Schriftstellerinnen
und Schriftsteller Ostbayern
Mörderisches Ostbayern
1. Auflage 2018, 248 Seiten, 13,5 x 20,5 cm
zahlreiche schwarz-weiß Abbildungen, Hardcover
ISBN: 978-3-95587-721-7, Preis: 19,90 EUR

Heimat
**battenberg
gietl verlag**

POSTFACH 166 · 93122 REGENSTAUF · TEL. 0 94 02/93 37-0
FAX 0 94 02/93 37-24 · INTERNET: www.battenberg-gietl.de
E-MAIL: info@battenberg-gietl.de
Erhältlich im Buchhandel oder direkt beim Verlag.